※ 하오빵(好棒 hǎo bàng)은 '매우 좋다!', '최고다!'라는 뜻입니다.

감수	**김현철**

연세대학교 중어중문학과 교수 겸 중국연구원 원장
연세대학교 공자아카데미 원장
중국언어연구소 소장
한국중국어교육학회 회장
한국중국어언학회 부회장 겸 편집위원장
중국어문학연구회 기획이사

공저	**김명화**	**이윤화**

김명화
한국외국어대학교 중어중문학과 박사 수료
어린이 중국어 교사 자격증 취득
(전) 한국외국어대학교 중어중문학과 강사
    중화TV 중국어 회화 강의
    기탄교육 〈뿌뿌중국어〉 온라인 강의
    국군방송 FM매거진 중국어 강의
    한국경제신문 HICEO 중국어 강의
(현) 미국 캘리포니아주 Oxford Preparatory Academy
    Public Charter School 초등 · 중학교 중국어 교사
• 저서 〈드라마 중국어 爱 빠지다〉, 〈랄랄라 신나는 율동
   동요 중국어 1, 2권〉, 〈하오빵 어린이 중국어 4, 5, 6권〉,
   〈하오빵 어린이 중국어 종합편〉
• 공저 〈하오빵 어린이 중국어 1, 2, 3권〉

이윤화
한국외국어대학교 중어중문학과 석사 졸업(언어학 전공)
중국어 2급정교사 자격증 취득
방과 후 학교 학교장 추천 우수교사 선정
(전) '하오빵' 어린이 중국어 교사 및 파견 교사 교육 담당
    리라유치원, 근하유치원 중국어 교사
    서울 용강중학교 등 방과 후 학교 중국어 교사
    서울여대부설 화랑초등학교 등 방과 후 학교 중국어 교사
    원묵중학교 중국어 전담교사
    제스아일랜드 서초 중국어 교사
(현) 성동초등학교 중국어 교과 전담교사
• 공저 〈하오빵 어린이 중국어 1, 2, 3권〉
   〈어린이 중국어 발음 붐붐〉

개정판 하오빵 어린이 중국어 Step 1 워크북

초판발행	2011년 3월 10일
2판 5쇄	2024년 4월 10일
저자	김명화, 이윤화
감수	김현철
편집	최미진, 연윤영, 엄수연, 高霞
펴낸이	엄태상
디자인	권진희, 이건화
콘텐츠 제작	김선웅, 장형진
마케팅본부	이승욱, 왕성석, 노원준, 조성민, 이선민
경영기획	조성근, 최성훈, 김다미, 최수진, 오희연
물류	정종진, 윤덕현, 신승진, 구윤주
펴낸곳	시사중국어사(시사북스)
주소	서울시 종로구 자하문로 300 시사빌딩
주문 및 문의	1588-1582
팩스	0502-989-9592
홈페이지	http://www.sisabooks.com
이메일	book_chinese@sisadream.com
등록일자	1988년 2월 12일
등록번호	제300 - 2014 - 89호

ISBN 978-89-7364-645-6 18720
     978-89-7364-646-3(set)

"영어는 기본, 중국어는 필수!" 영어 이외에 제2외국어 학습을 하면 중국어를 제일 먼저 떠올릴 만큼 중국어에 대한 중요성이 날로 높아지고 있습니다. 중국어 교육이 성인 중심에서 어린이 중국어 교육으로 점차 확장되면서 어린이 중국어 시장이 형성되고 많은 교재가 편찬되고 있습니다. 그러나 선생님들에게는 가르치기 편하고 아이들의 눈높이에 딱 맞춘 교재는 부족하다는 게 현실입니다.

본 교재는 선생님들과 어린이들의 입장을 고려해 보다 쉽게 가르치고 아이들이 재미있게 중국어를 배울 수 있도록 구성했습니다.

1. 중국어는 어렵고 지루하다?

중국어는 어렵고 지루하다는 생각에 공부를 시작하기도 전에 덜컥 겁부터 먹습니다. 본 교재에서는 매 과마다 챈트, 노래, 게임, 다양한 활동 및 생생한 중국 문화 이야기 등을 통해 재미와 흥미를 고취하여 한자의 두려움을 타파하고, 무작정 외우기보다는 중국어와 친해지고 자연스럽게 한자를 습득하는 데 중점을 두었습니다.

2. Ⅰ (현재의 수준) + 1

본 교재는 새로운 단어와 문장 선택에 있어서 'Ⅰ+1'의 원칙 하에 편찬되었습니다. 앞 과에서 배운 단어와 문장에 최소의 단어를 추가하여, 아이들이 부담감을 느끼지 않으면서도 새로운 문장을 이룰 수 있도록 과학적이고 체계적으로 한 과의 본문과 말하기를 구성하였고, 과와 과 사이 역시 긴밀성과 확장 관계를 고려했습니다.

3. 언어는 반복이다!

언어의 효과적인 학습 방법은 반복입니다. 본 교재에서는 탄탄한 내용의 연계성을 바탕으로 체계적이며 재미있게 복습할 수 있도록 구성했습니다. 본문은 신나는 율동과 함께 챈트로, 회화 부분은 경쾌한 리듬과 함께 노래로 복습을 합니다. 그리고 다양한 게임 활동과 연습 문제를 통해 배운 내용을 다시 한 번 되새깁니다. 중간에 구성된 복습과는 아이들에게 친근한 동화 스토리에서 배웠던 중국어 표현을 대입하여 아이들이 역할극을 하면서 재미있게 복습할 수 있어 학습 효과는 배가 됩니다.

김명화 · 이윤화 드림

귀가 뻥 뚫리는 듣기의 신!

귀를 기울여 들려주는
중국어를 잘 듣고,
알맞은 정답을 골라
보세요.

멜로디와 함께 중국어 받아쓰기!

챈트를 잘 듣고 빈칸에
알맞은 발음을 받아
써 보세요. 빈칸을 채운
후에는 신나게 챈트를
따라 불러 보세요.

다양한 문제가 한가득!

미로 찾기, 스티커 붙이기,
사다리 타기 등 재미있고
다양한 문제를 풀어 보세요.

또박또박 중국어 쓰기

중국어를 큰 소리로 따라
읽으면서 한 글자 한 글자
또박또박 예쁘게 써 보세요.

▶ 스토리를 완성해 보세요!

메인북에서 배운 내용을 다시 한번
복습하는 코너예요. 말풍선에 알맞은
스티커를 붙여 스토리를 완성해 보세요.

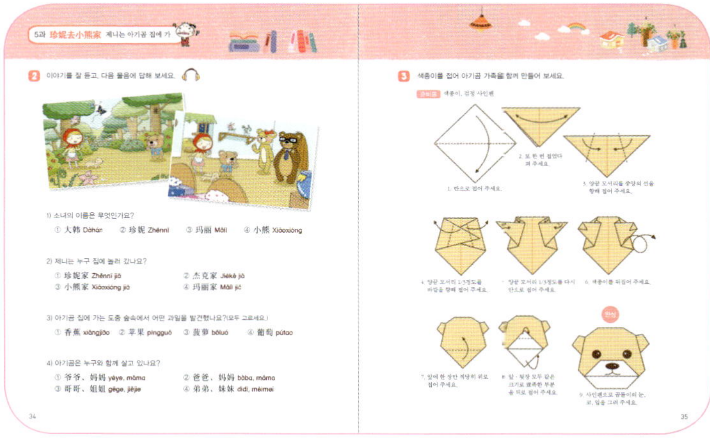

▶ 접어접어 종이 접어~

종기접기, 색칠하기 등 다양한
활동을 하면서 재미있게 중국
문화를 익혀 보세요.

스토리 4문 4답

스토리의 내용을 이해했는지 문제를
풀어 보는 코너입니다. 한 문제도
빠짐없이 꼼꼼히 풀어 보세요.

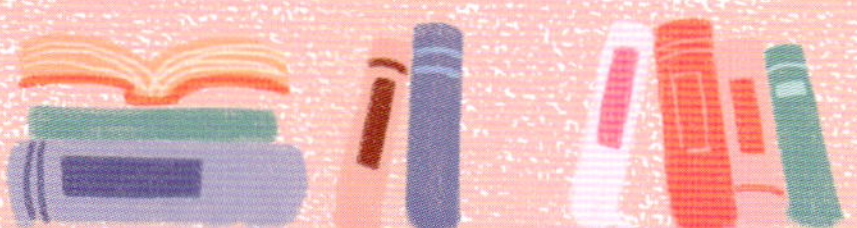

1 다음 그림을 잘 보고 알맞은 성조와 연결하세요.

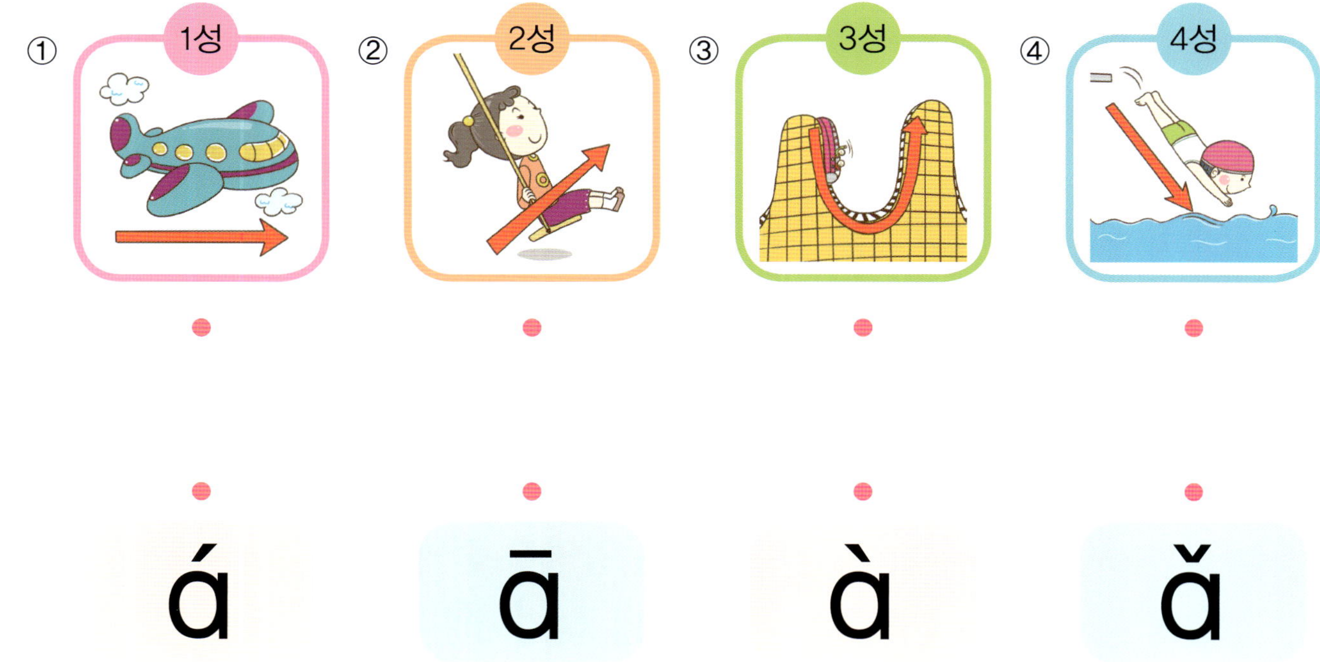

2 다음을 잘 듣고 알맞은 병음을 보기 에서 찾아 써 보세요.

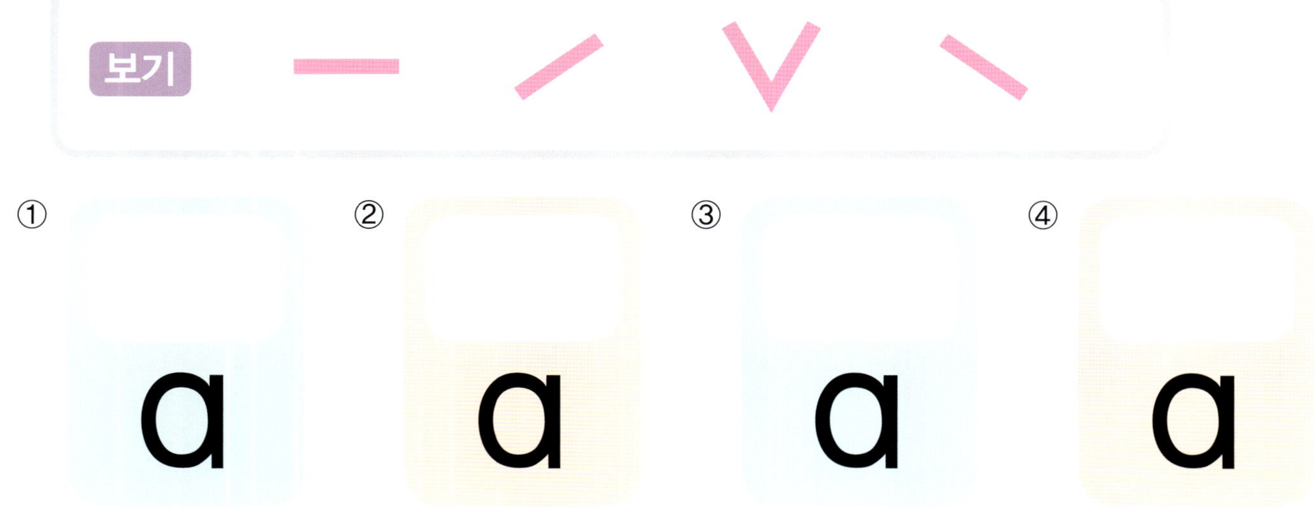

3 다음을 잘 듣고 들려주는 성조를 따라 길을 찾아 보세요. 

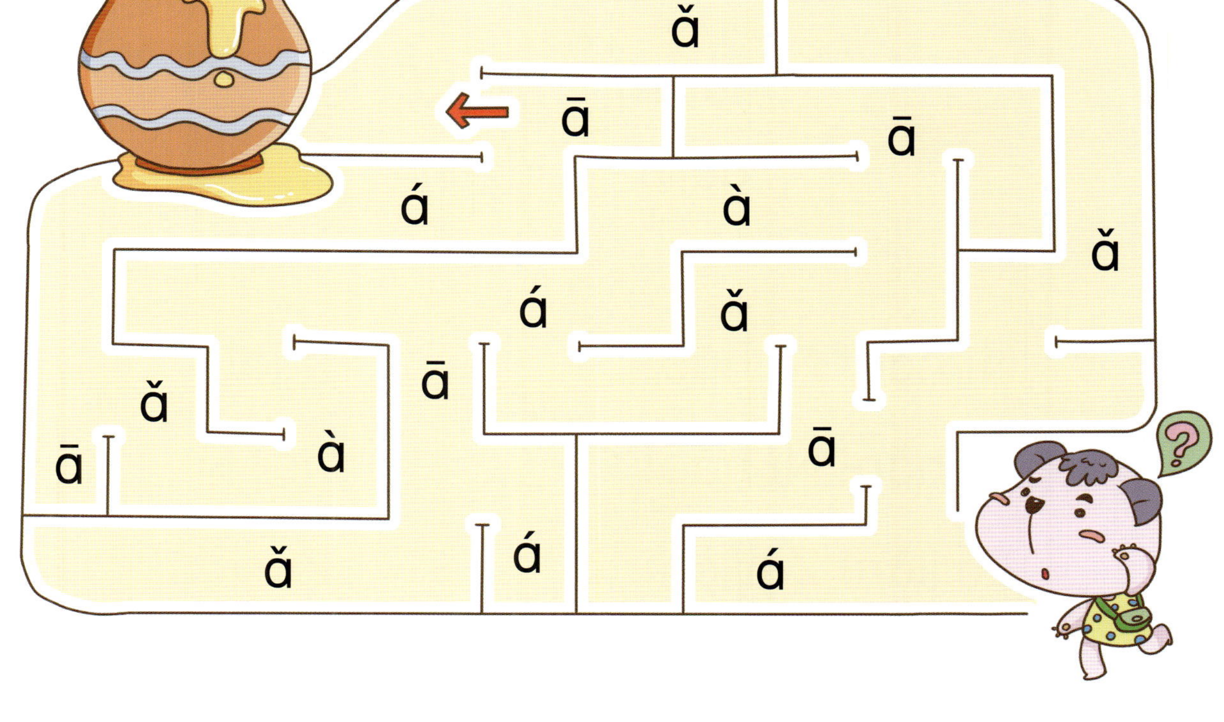

4 다음을 잘 듣고 알맞은 발음에 ○표를 하세요. 

① mān ma　máma
엄마

② bān ba　bàba
아빠

③ yè ye　yé ye
할아버지

④ nà inai　nǎ inai
할머니

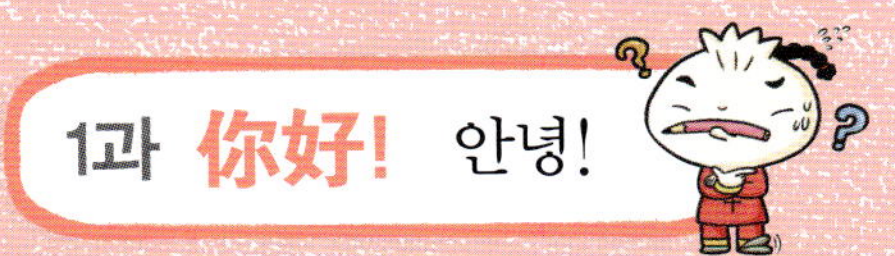
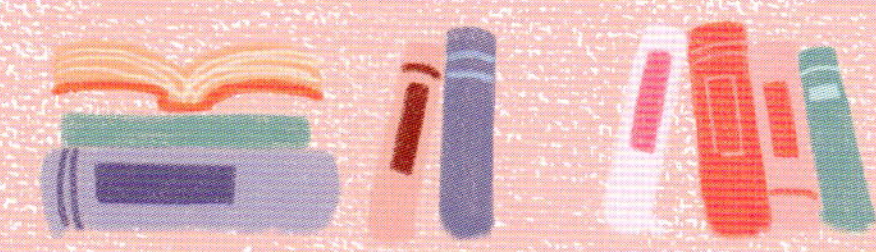

5 다음 챈트를 잘 듣고 보기 에서 알맞은 병음을 찾아 빈칸에 써 넣으세요. 

보기

lǎoshī　dàjiā
dàjiā　lǎoshī

Nǐ hǎo! Nǐ hǎo!　　　　　　hǎo!

Nǐ hǎo! Nǐ hǎo!　　　　　　hǎo!

Zàijiàn! Zàijiàn!　　　　　Zàijiàn!

Zàijiàn!　　　　　Zàijiàn!

안녕! 안녕! 선생님 안녕하세요!
안녕! 안녕! 여러분 안녕하세요!
잘 가! 잘 가! 여러분 잘 가요!
안녕히 계세요! 선생님 안녕히 계세요!

6 그림을 잘 보고 말풍선의 뜻에 알맞은 병음 스티커를 붙여 보세요.

① 

② 

③ 

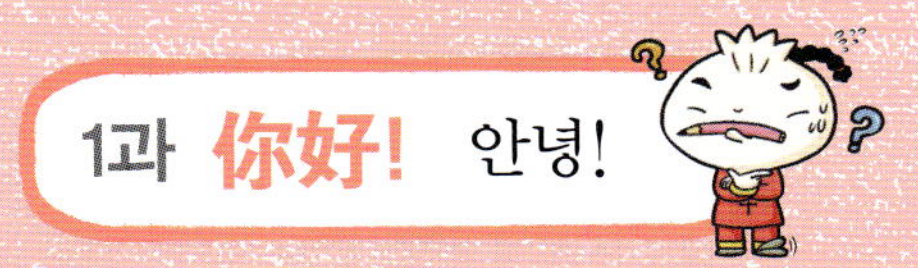

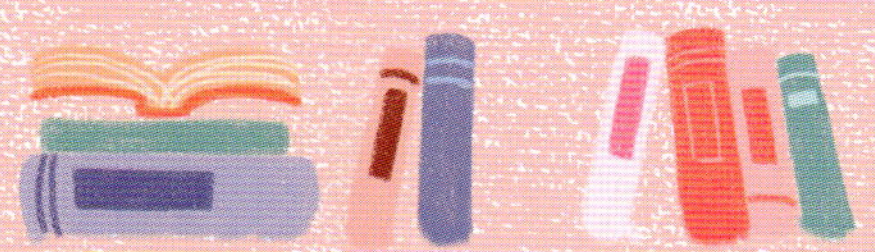

7 사다리를 타고 내려가 중국어로 말해 보세요.

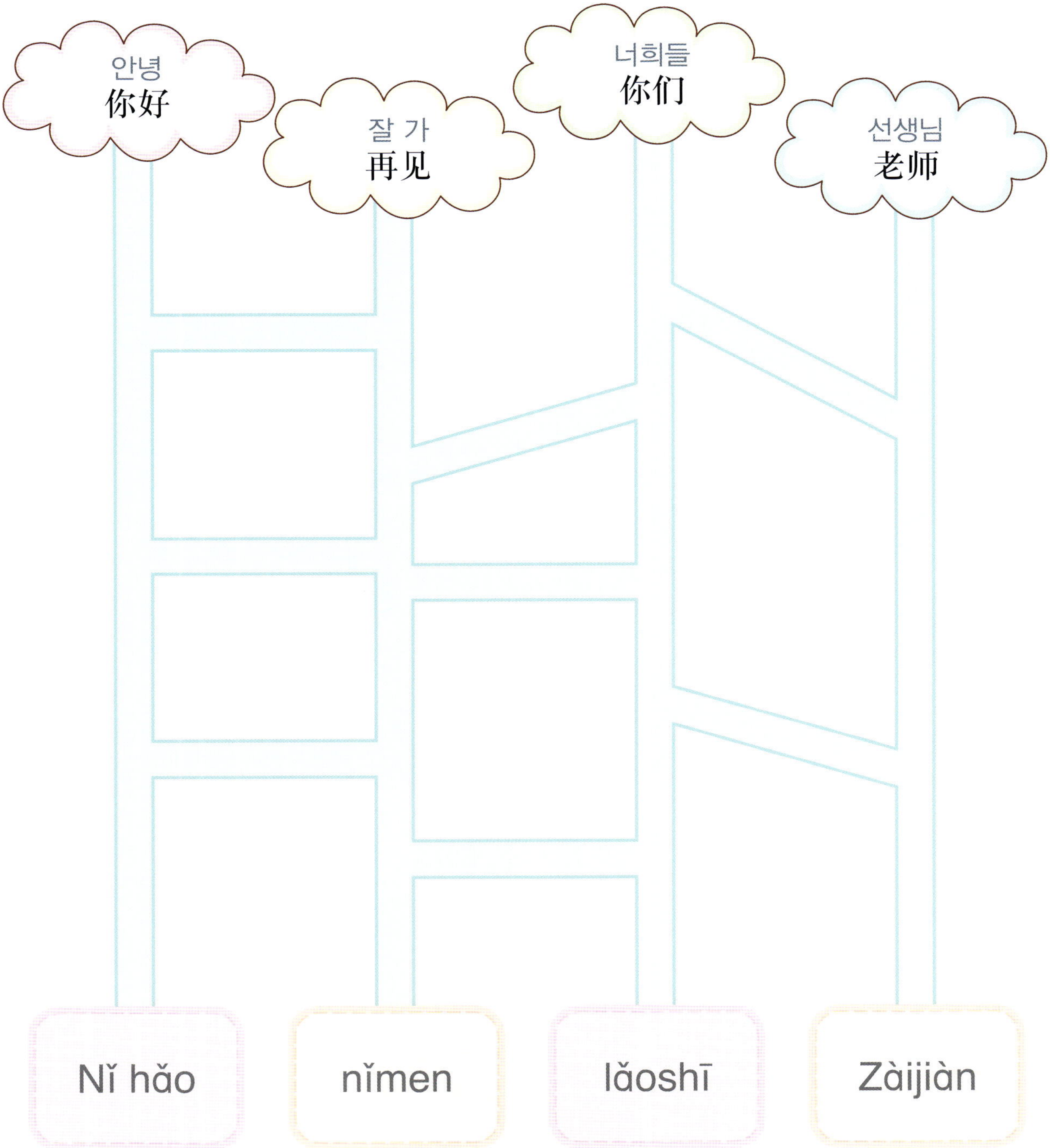

8 큰 소리로 읽으며 한자와 병음을 예쁘게 써 보세요.

你
nǐ
너

你好
Nǐ hǎo
안녕

再见
Zàijiàn
잘 가

CD 03

1 다음을 잘 듣고 바르게 표시된 성조에 ○표를 하세요. 

① ā á   ② è é   ③ ī ǐ

④ ō ó   ⑤ ǔ ú   ⑥ ǜ ǚ

2 다음을 잘 듣고 알맞은 것끼리 연결하세요. 

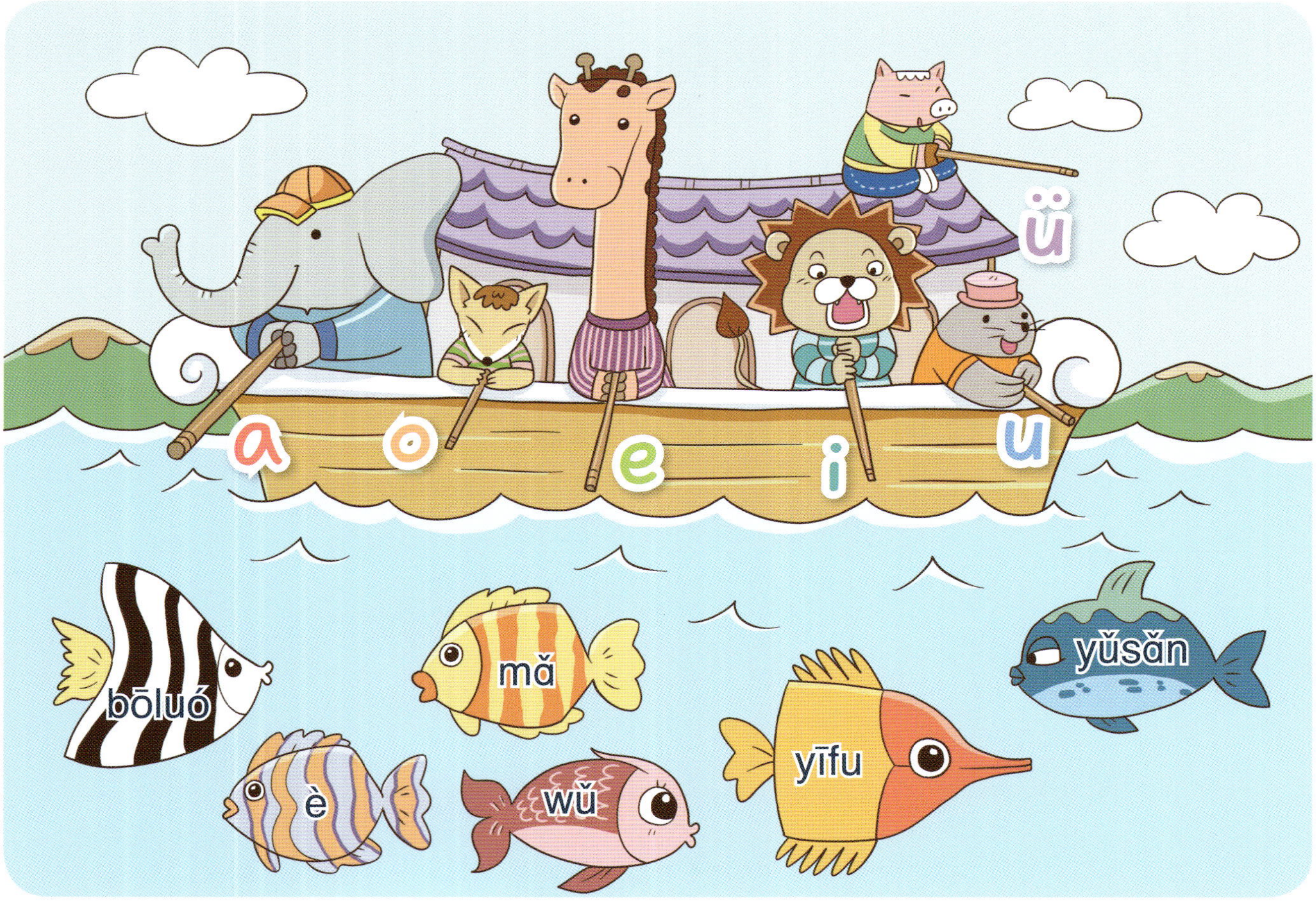

14

3 다음 노래를 잘 듣고 보기 에서 알맞은 병음을 찾아 빈칸에 써 넣으세요. 

보기

shénme jiào jiào
míngzi jiào

Nǐ hǎo! Nǐ hǎo! Nǐ jiào ____________ míngzi?

Wǒ ____________ Dàhán. Wǒ ____________ Wèilái.

Wǒ ____________ Jiékè. Nǐ jiào shénme ____________?

안녕! 안녕! 너는 이름이 뭐니?
나는 Dàhán이야. 나는 Wèilái야.
나는 Jiékè야. 너는 이름이 뭐니?

4 그림을 잘 보고 말풍선의 뜻과 알맞은 병음 스티커를 붙여 보세요.

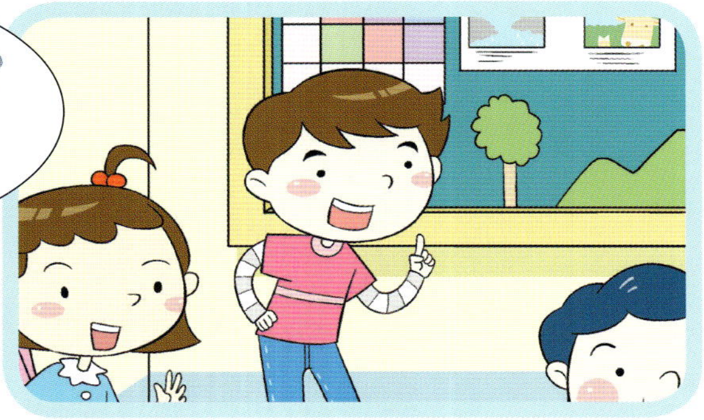

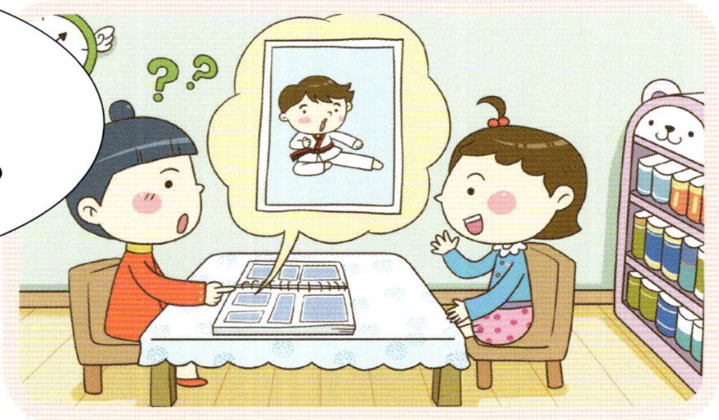

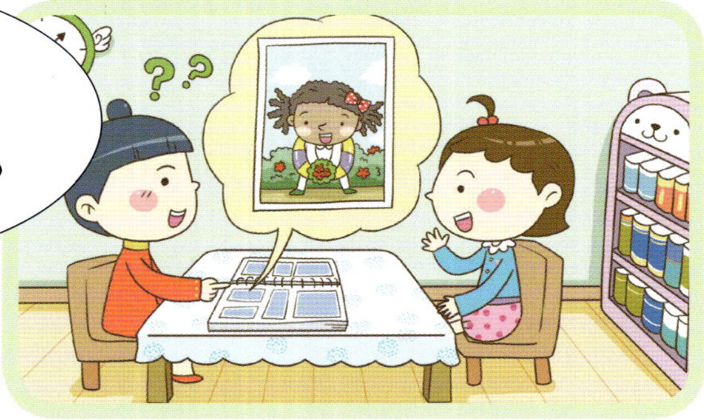

①

?

②

?

③

?

④

?

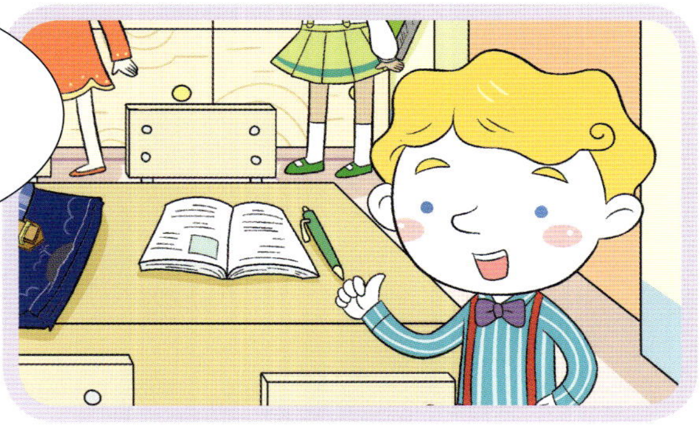

사다리를 타고 내려간 후 중국어로 말해 보세요.

Wǒ jiào Wǒ jiào Wǒ jiào Wǒ jiào Wǒ jiào

대한
Dàhán

잭
Jiékè

미래
Wèilái

마리
Mǎlì

환환
Huānhuan

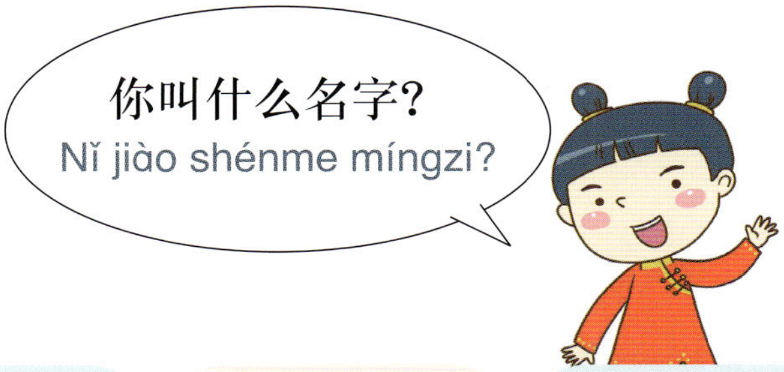

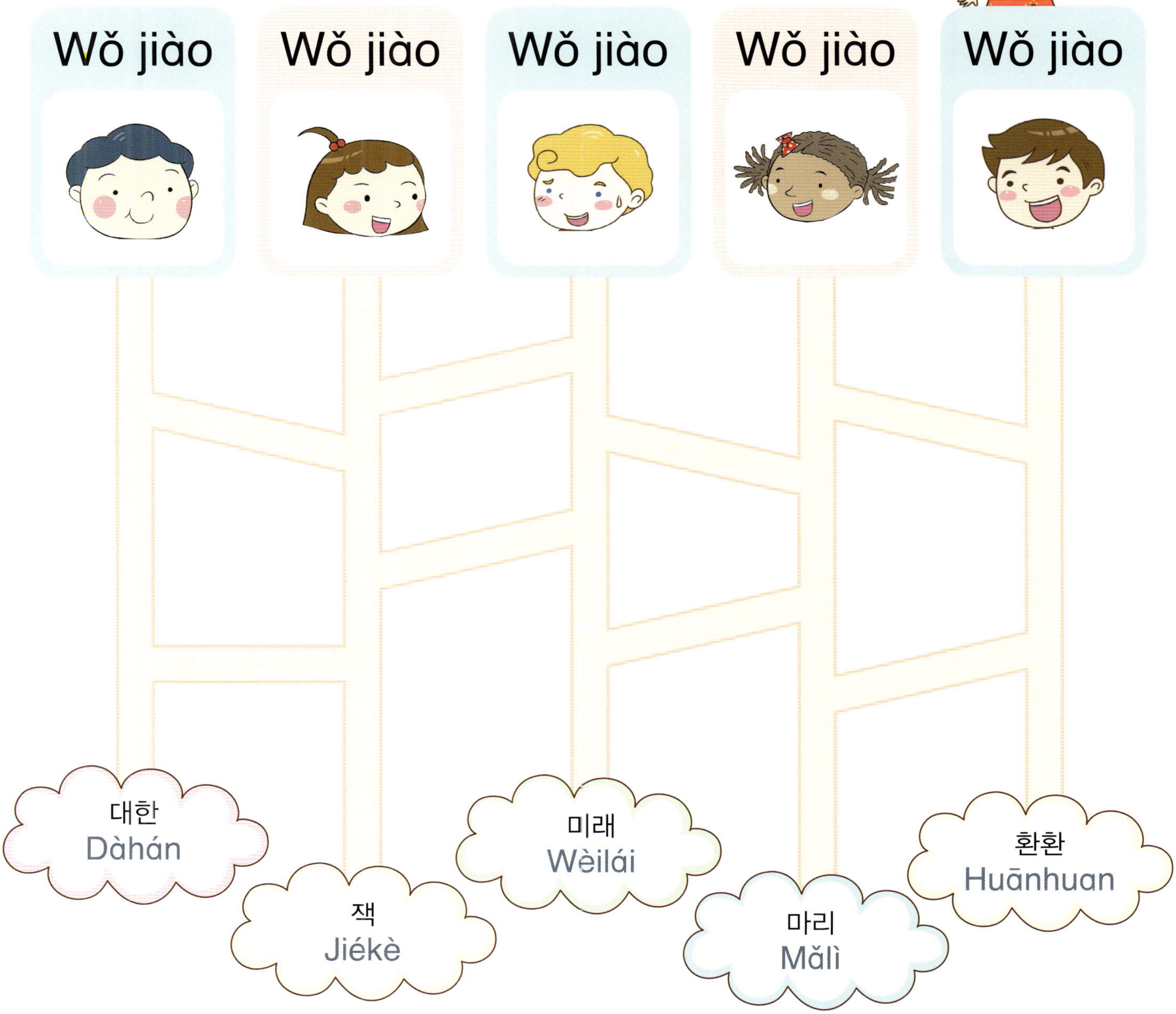

6 자신의 이름표를 만들어 친구들에게 나누어 주세요.
친구들에게 받은 이름표를 아래에 붙이고 중국어로 말해 보세요.

예

이름: 김 대 한

金大韩 Jīn Dàhán

친구의 이름표를 붙여 주세요.

친구의 이름표를 붙여 주세요.

친구의 이름표를 붙여 주세요.

*부록 79p를 참조하세요.

7 큰 소리로 읽으며 한자와 병음을 예쁘게 써 보세요.

叫
jiào
~라고 부르다

什么
shénme
무엇, 무슨

名字
míngzi
이름

CD 04

1 다음을 잘 듣고 알맞은 발음에 ○표를 하세요.

① b	bō	bó	bǒ	bò
② p	pō	pó	pǒ	pò
③ m	mō	mó	mǒ	mò
④ f	fō	fó	fǒ	fò

2 다음을 잘 듣고 알맞은 것끼리 연결하세요.

① b   •   • (고양이) •   • fēijī

② p   •   • (포도)   •   • bōluó

③ m   •   • (파인애플) •   • pútao

④ f   •   • (비행기) •   • māo

3 다음 과일을 예쁘게 색칠한 후 알맞은 병음 스티커를 붙여 보세요.

① 

苹果
사과

？

② 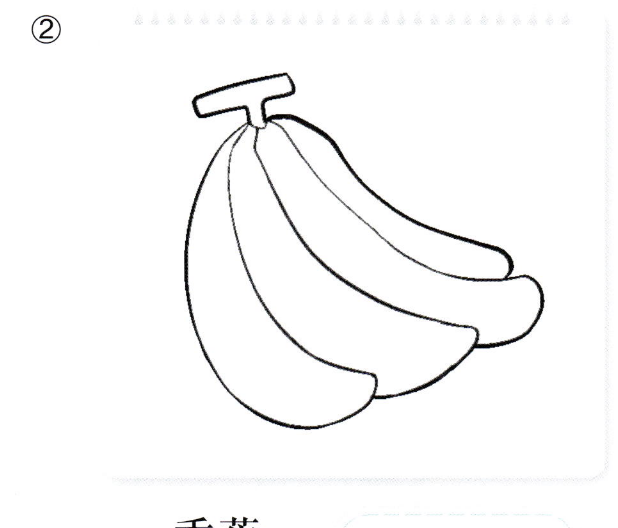

香蕉
바나나

？

4 그림과 일치하는 문장을 찾아 ○표를 하세요.

① 

Zhè shì bōluó. ☐
Nà shì bōluó. ☐

② 

Zhè shì xīguā. ☐
Nà shì xīguā. ☐

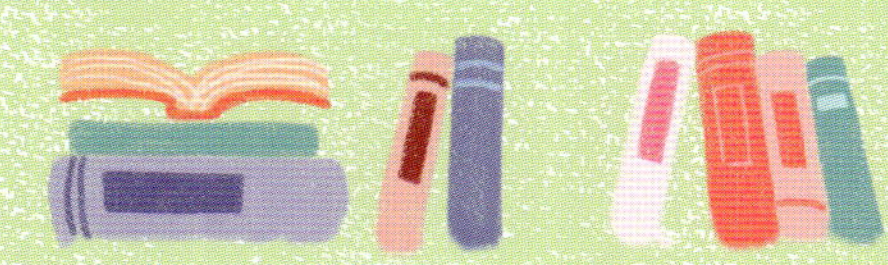

5 다음 노래를 잘 듣고 보기 에서 알맞은 병음을 찾아 빈칸에 써 넣으세요. 

보기

píngguǒ　　bōluó　　cǎoméi

pútao　　xīguā　　xiāngjiāo

Zhè shì shénme?　Zhè shì 　　　　　.

Zhè shì 　　　　　.　Zhè shì 　　　　　.

Nà shì shénme?　Nà shì 　　　　　.

Nà shì 　　　　　.　Nà shì 　　　　　.

이건 뭐야? 이건 **사과**야.
이건 **수박**이야. 이건 **딸기**야.
저건 뭐야? 저건 **포도**야.
저건 **바나나**야. 저건 **파인애플**이야.

6 그림에 알맞게 这 이것, 那 저것 스티커를 붙이고 중국어로 대화해 보세요.

① 

 대한
是什么?
Zhè shì shénme?

 환환
这是菠萝。
Zhè shì bōluó.

② 

마리
是什么?
Nà shì shénme?

환환
这是草莓。
Zhè shì cǎoméi.

③ 

 마리
是香蕉吗?
Nà shì xiāngjiāo ma?

 환환 엄마
是。那是香蕉。
Shì. Nà shì xiāngjiāo.

④ 

 미래
是葡萄吗?
Zhè shì pútao ma?

 징징
是。这是葡萄。
Shì. Zhè shì pútao.

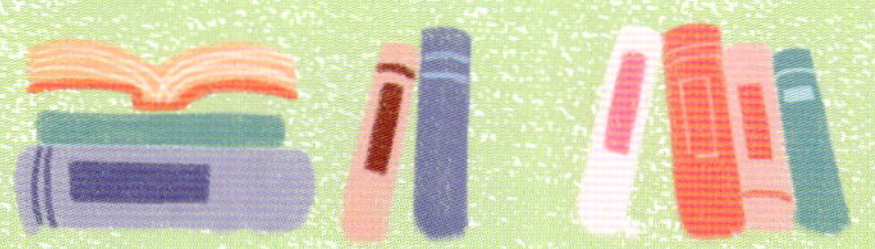

7 숨어있는 과일 6개를 모두 찾아 ○표를 하세요.

• 찾은 과일 이름을 아래에서 모두 찾아 ○표를 하세요.

8 큰 소리로 읽으며 한자와 병음을 예쁘게 써 보세요.

这 zhè 이, 이것	这 zhè				

那 nà 저, 저것	那 nà				

是 shì ~이다	是 shì				

苹果 píngguǒ 사과	苹 果 píngguǒ	

4과 他是谁? 그는 누구니?
Tā shì shéi?

1 다음을 잘 듣고 알맞은 발음에 ○표를 한 후 병음을 완성하세요.

①  d t

____ìdi

②  d t

____ùzi

2 다음을 잘 듣고 알맞은 것끼리 연결하세요.

 d

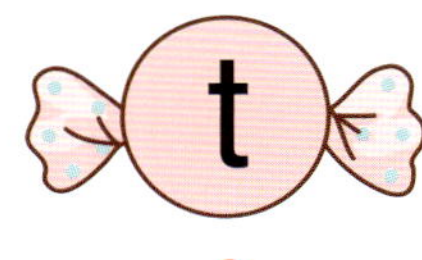 t

 n

 l

niǎo

dìdi

tùzi

lí

3 다음을 잘 듣고 내용과 일치하면 ○표를, 틀리면 ×표를 하세요. 

① 

② 

4 다음 한글 뜻에 맞는 병음을 찾아 빈칸에 써 넣으세요.

bàba   mèimei   māma   gēge

dìdi   jiějie

아빠		엄마	
누나(언니)		형(오빠)	
여동생		남동생	

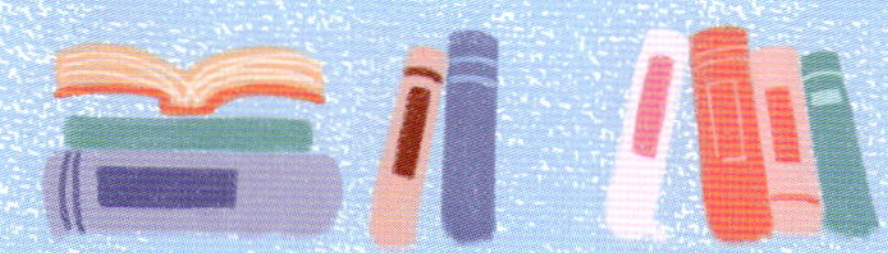

5 다음 노래를 잘 듣고 보기 에서 알맞은 병음을 찾아 빈칸에 써 넣으세요. 

보기

bàba	māma	jiějie
mèimei	gēge	dìdi

Tā shì shéi? Tā shì wǒ ________ .

Tā shì shéi? Tā shì wǒ ________ .

Tā shì wǒ ________ . Tā shì wǒ ________ .

Tā shì wǒ ________ . Tā shì wǒ ________ .

Bàba、māma, wǒ ài nǐmen.

그는 누구니? 우리 아빠야.
그녀는 누구니? 우리 엄마야.
그는 우리 형이야. 그녀는 우리 누나야.
그는 내 남동생이야. 그녀는 내 여동생이야.
아빠, 엄마 사랑해요.

28

6 그림을 잘 보고 말풍선의 뜻과 알맞은 병음 스티커를 붙여 보세요.

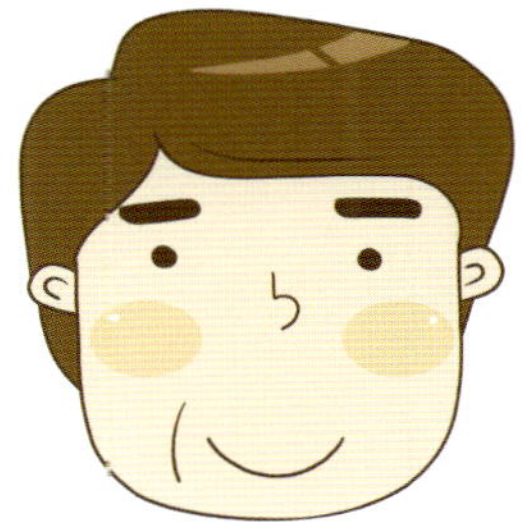

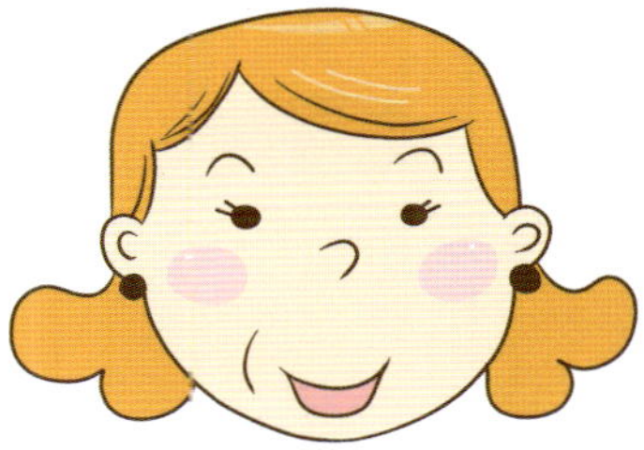

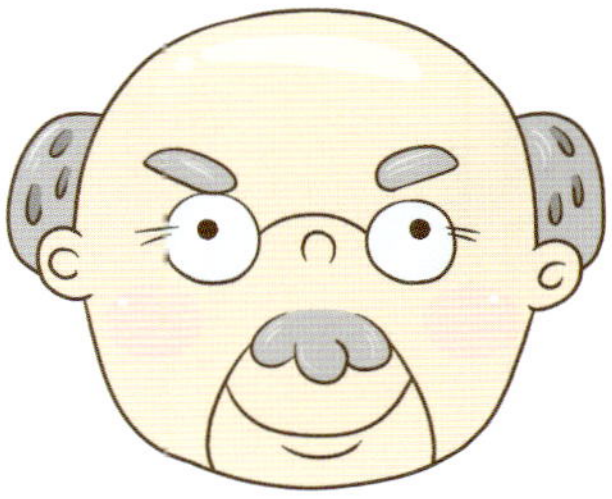

①

?

②

?

③

?

④

?

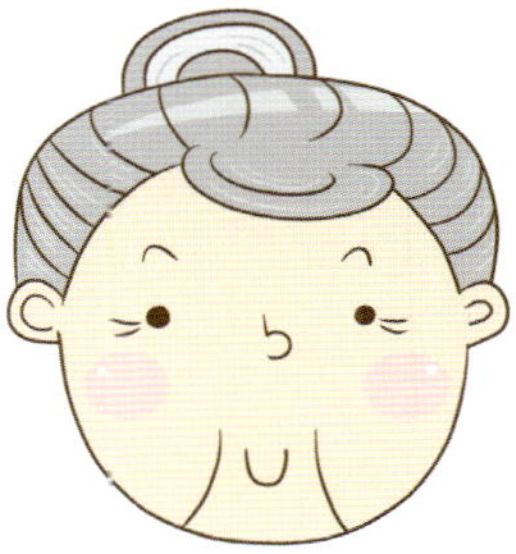

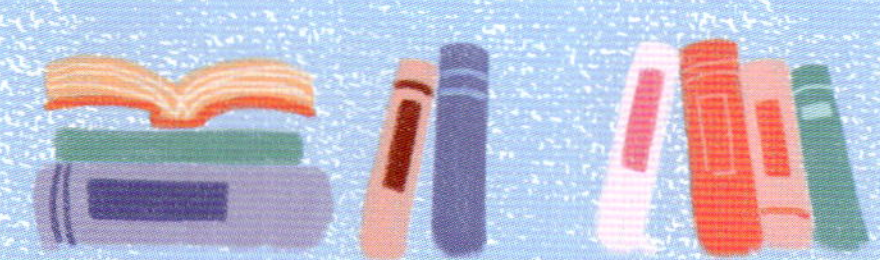

7 다음 그림에 알맞은 병음 스티커를 붙이고 중국어로 말해 보세요.

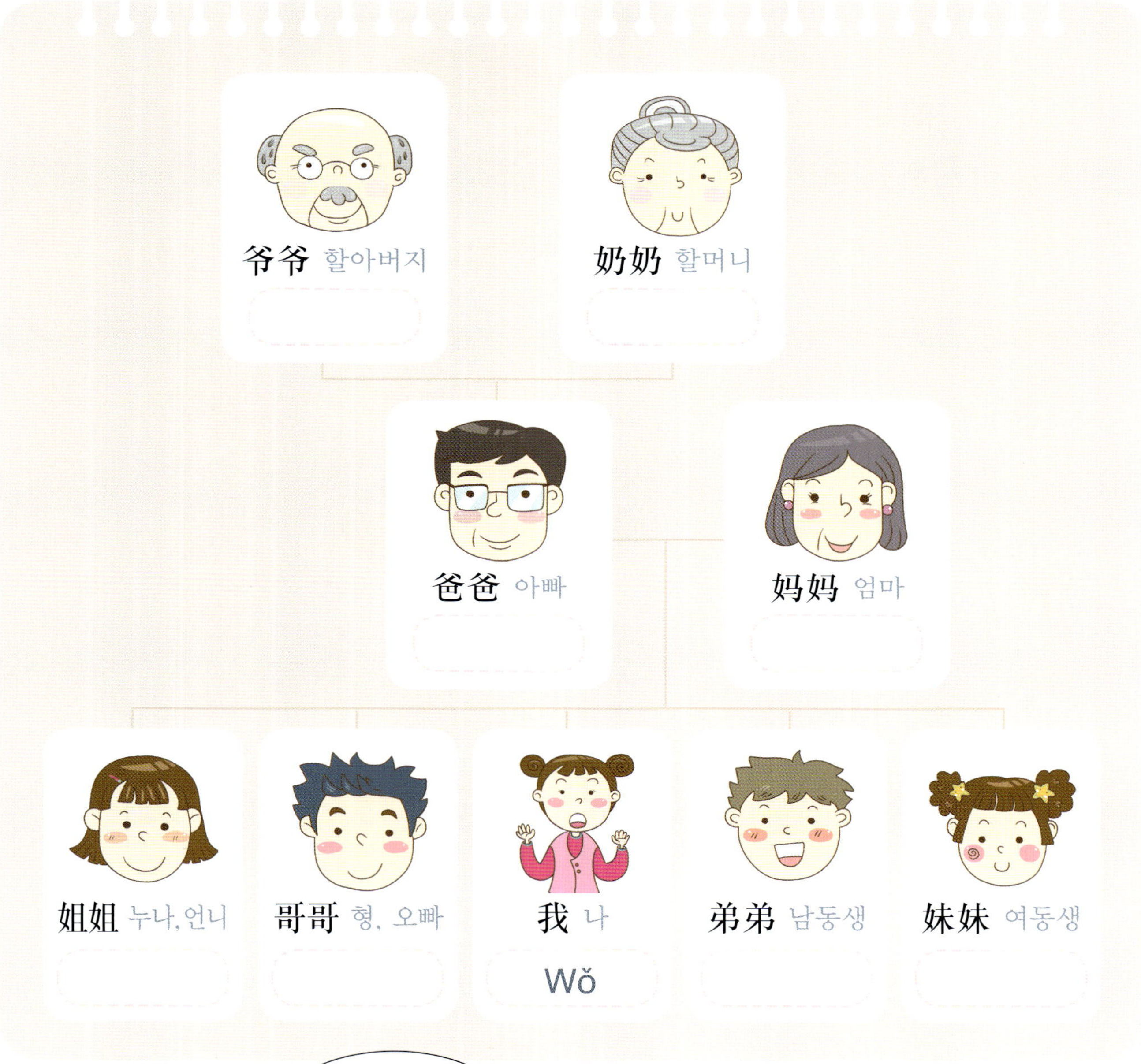

爷爷 할아버지

奶奶 할머니

爸爸 아빠

妈妈 엄마

姐姐 누나.언니

哥哥 형, 오빠

我 나

Wǒ

弟弟 남동생

妹妹 여동생

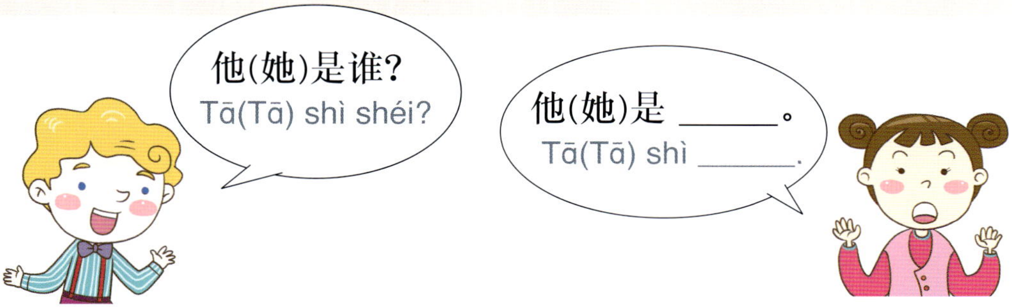

 큰 소리로 읽으며 한자와 병음을 예쁘게 써 보세요.

谁
shéi
누구

爸爸
bàba
아빠

妈妈
māma
엄마

爷爷
yéye
할아버지

奶奶
nǎinai
할머니

1 빈칸에 들어갈 알맞은 말을 찾아 스티커를 붙이세요.

① 

② 

③

④

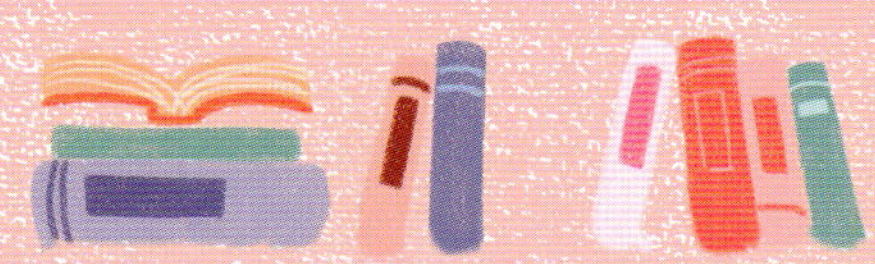

2 이야기를 잘 듣고, 다음 물음에 답해 보세요. 

1) 소녀의 이름은 무엇인가요?

① 大韩 Dàhán　　② 珍妮 Zhēnnī　　③ 玛丽 Mǎlì　　④ 小熊 Xiǎoxióng

2) 제니는 누구 집에 놀러 갔나요?

① 珍妮家 Zhēnnī jiā　　　　② 杰克家 Jiékè jiā
③ 小熊家 Xiǎoxióng jiā　　④ 玛丽家 Mǎlì jiā

3) 아기곰 집에 가는 도중 숲속에서 어떤 과일을 발견했나요?(모두 고르세요.)

① 香蕉 xiāngjiāo　② 苹果 píngguǒ　③ 菠萝 bōluó　④ 葡萄 pútao

4) 아기곰은 누구와 함께 살고 있나요?

① 爷爷、妈妈 yéye, māma　　② 爸爸、妈妈 bàba, māma
③ 哥哥、姐姐 gēge, jiějie　　④ 弟弟、妹妹 dìdi, mèimei

3 색종이를 접어 아기곰 가족을 함께 만들어 보세요.

 색종이, 검정 사인펜

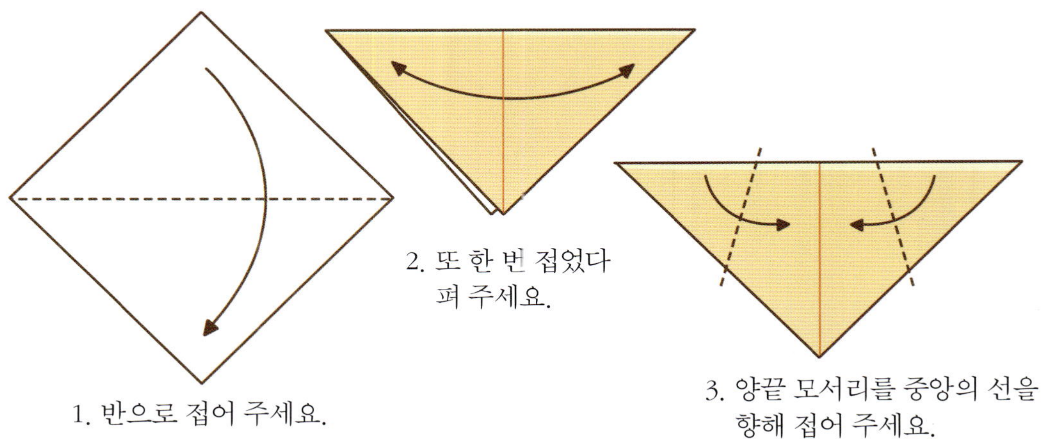

1. 반으로 접어 주세요.

2. 또 한 번 접었다 펴 주세요.

3. 양끝 모서리를 중앙의 선을 향해 접어 주세요.

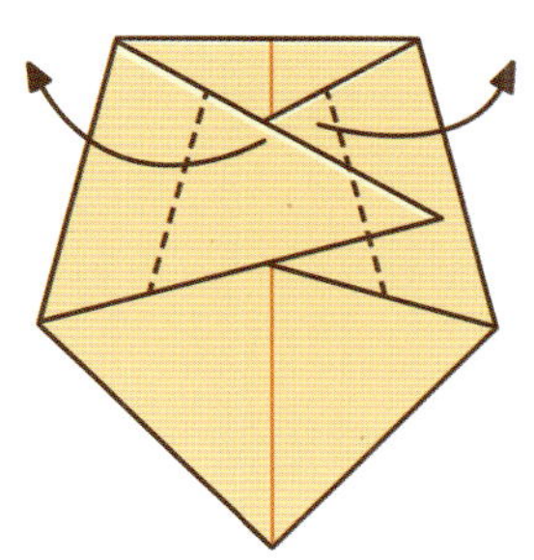

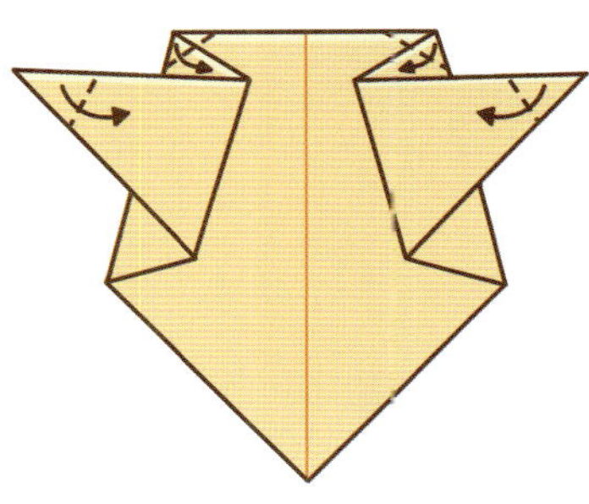

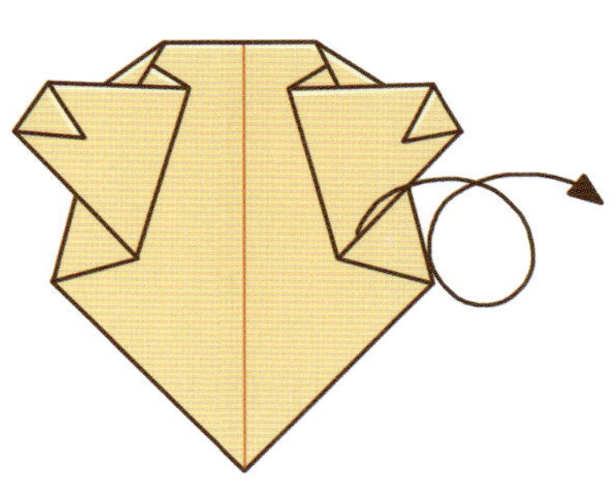

4. 양끝 모서리 1/3정도를 바깥을 향해 접어 주세요.

5. 양끝 모서리 1/3정도를 다시 안으로 접어 주세요.

6. 색종이를 뒤집어 주세요.

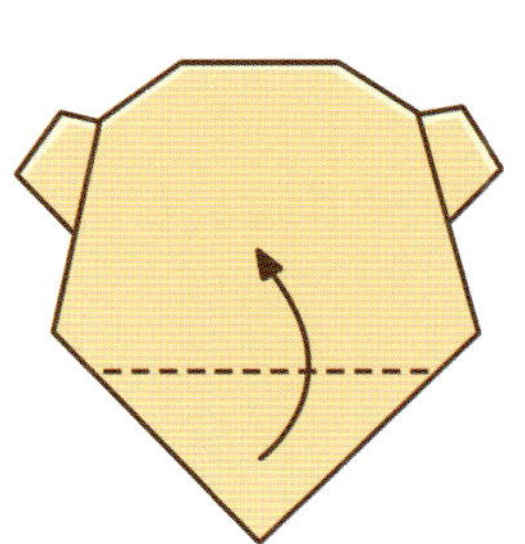

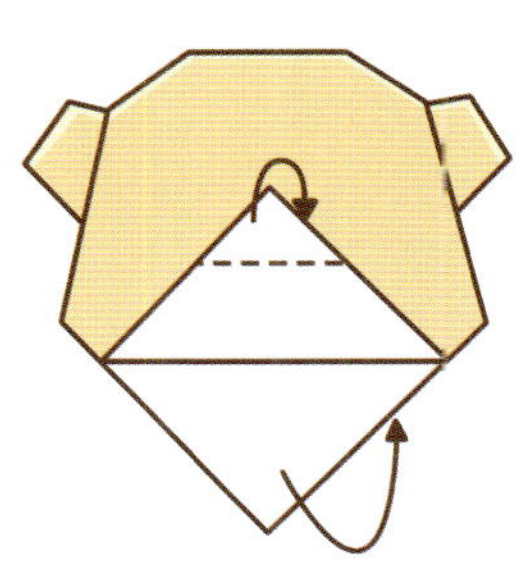

7. 앞에 한 장만 적당히 위로 접어 주세요.

8. 앞·뒷장 모두 같은 크기로 뾰족한 부분을 뒤로 접어 주세요.

9. 사인펜으로 곰돌이의 눈, 코, 입을 그려 주세요.

1 다음을 잘 듣고 병음 h가 들어가는 그림에 모두 ○표를 하세요. 

① 

② 

③ 

④ 

⑤ 

⑥ 

2 다음을 잘 듣고 퍼즐에서 단어를 찾아 ○표를 한 후 그림에 알맞은 병음을 쓰세요. 

h	e	u	g	f	e
o	s	t	e	n	l
e	m	p	g	k	e
k	e	l	e	i	s
s	r	o	f	a	n

3 다음을 잘 듣고 내용과 일치하면 ○표를, 틀리면 X표를 하세요.

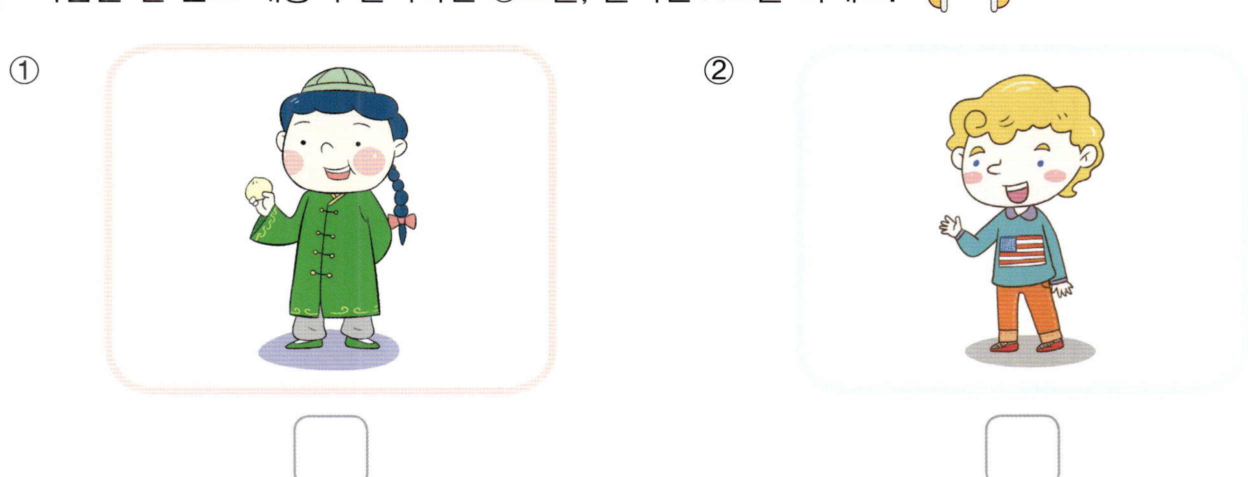

4 다음 그림을 보고 병음에 알맞은 국기를 연결해 보세요.

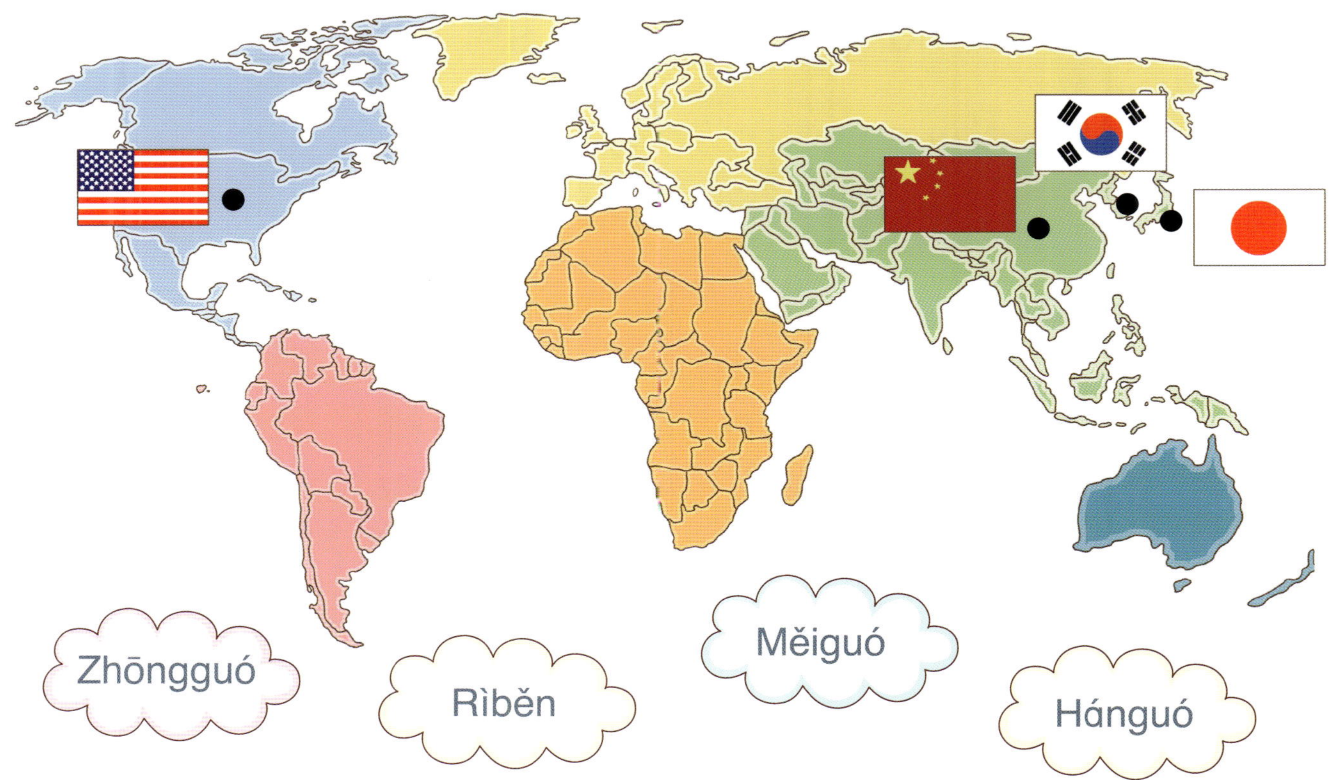

5 다음 노래를 잘 듣고 보기 에서 알맞은 병음을 찾아 빈칸에 써 넣으세요. 

보기

Hánguórén   Yīngguórén   Měiguórén
Fǎguórén   Zhōngguórén   Rìběnrén

Nǐ shì nǎ guó rén? Wǒ shì __________ .

Wǒ shì __________ . Wǒ shì __________ .

Nǐ shì nǎ guó rén? Wǒ shì __________ .

Wǒ shì __________ . Wǒ shì __________ .

너는 어느 나라 사람이니? 나는 한국 사람이야.
나는 중국 사람이야. 나는 일본 사람이야.
너는 어느 나라 사람이니? 나는 미국 사람이야.
나는 프랑스 사람이야. 나는 영국 사람이야.

6 다음 그림의 한글 뜻을 보고 순서에 맞게 중국어 스티커를 붙여 보세요.

7 한복 입은 자신의 모습을 예쁘게 그리고 보기 에서 알맞은 병음을 찾아 써 보세요.

8 사다리를 타고 내려가 스티커를 붙이고 중국어로 말해 보세요.

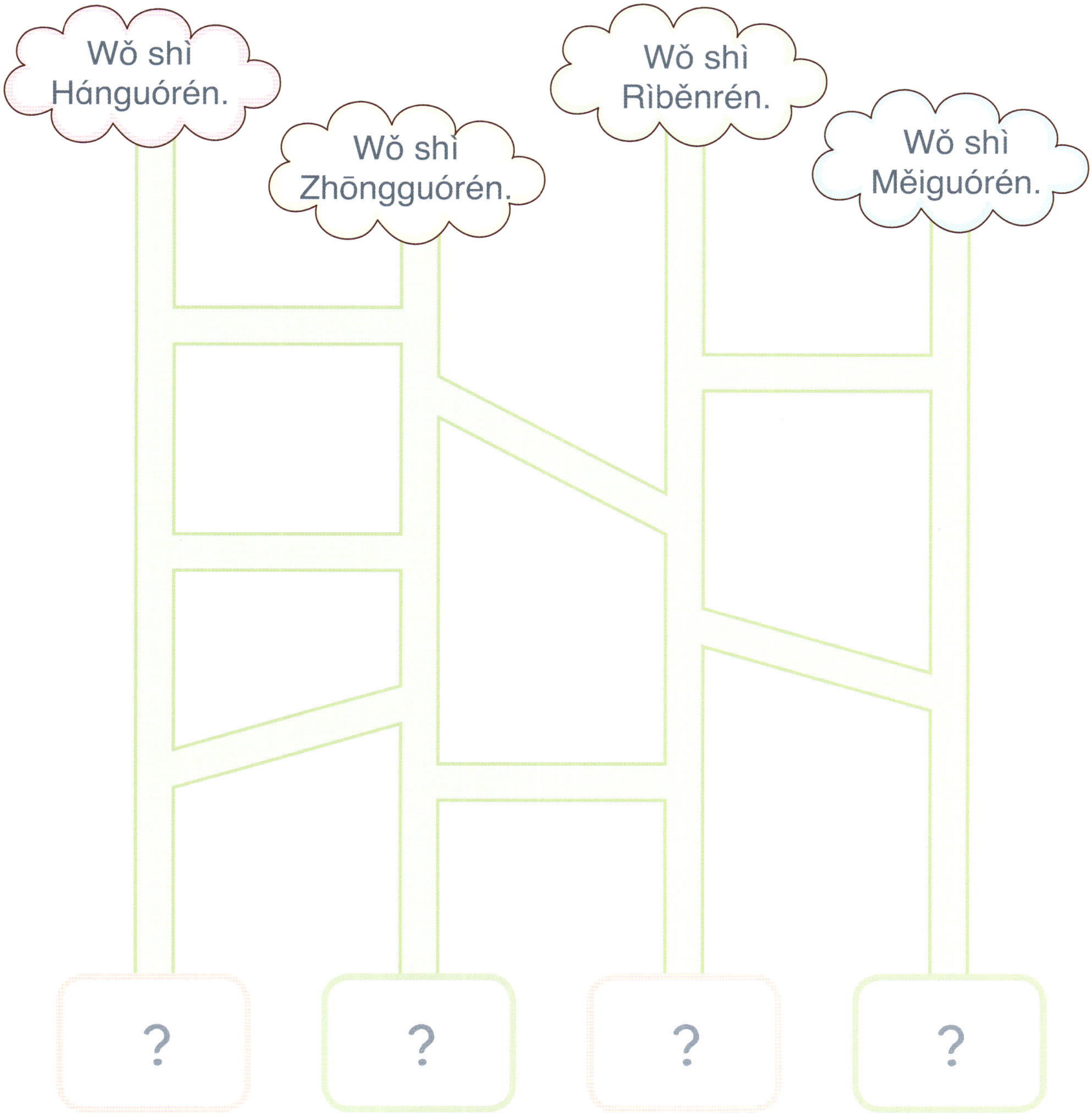

9 큰 소리로 읽으며 한자와 병음을 예쁘게 써 보세요.

哪国
nǎ guó
어느 나라

人
rén
사람

韩国
Hánguó
한국

中国
Zhōngguó
중국

日本
Rìběn
일본

7과 你几岁? 너는 몇 살이니?
Nǐ jǐ suì?

CD 08

1 다음을 잘 듣고 들려주는 병음을 따라 길을 찾아 보세요. 

2 다음을 잘 듣고 빈칸에 병음을 순서대로 써 넣으세요. 

①  n, j, ī, à, d →

② 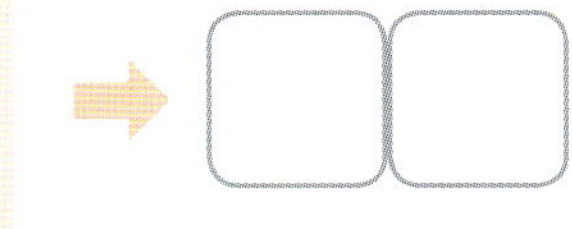 ī, q →

③  u, ā, x, g, ī →

 숫자만큼 그림을 그리고 중국어를 따라 쓴 후 보기 에서 알맞은 병음을 찾아 쓰세요.

보기 èr liù yī jiǔ sān qī sì shí wǔ bā

	1 一	
	2 二	
	3 三	
	4 四	
	5 五	
	6 六	
	7 七	
	8 八	
	9 九	
	10 十	

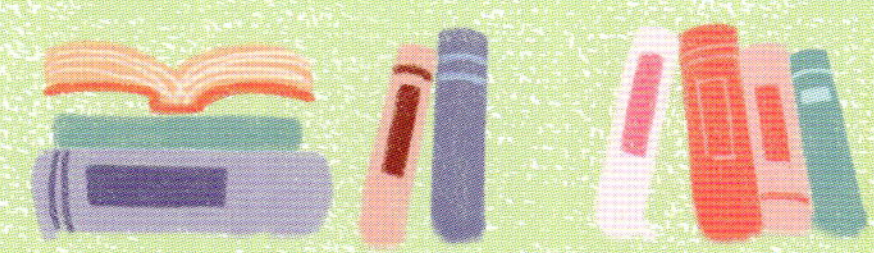

4 다음 노래를 잘 듣고 보기 에서 알맞은 병음을 찾아 빈칸에 써 넣으세요. 

보기   qī   jiǔ   bā   shí

Jǐ suì? Jǐ suì? Nǐ jǐ suì?

______ suì, qī suì, Wǒ qī suì.

Nǐ jǐ suì? Wǒ ______ suì.

Nǐ jǐ suì? Wǒ ______ suì.

Shí suì, shí suì, Wǒ ______ suì.

몇 살? 몇 살? 너는 몇 살이니?
7살, 7살, 나는 7살이야.
너는 몇 살이니? 나는 8살이야.
너는 몇 살이니? 나는 9살이야.
10살, 10살, 나는 10살이야.

다음 그림의 한글 뜻을 보고 순서에 맞게 중국어 스티커를 붙여 보세요.

Nǐ
你 ? ? ?

자신의 나이만큼 초를 그리고 알맞은 병음과 한자를 써 보세요.

Wǒ [   ] suì .

我______岁。
나는 ______살이야.

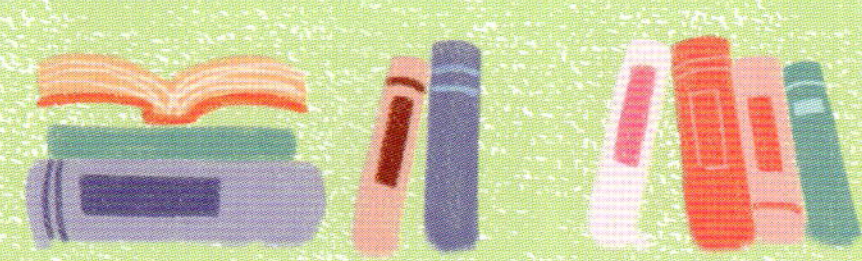

7 그림을 잘 보고 보기 에서 알맞은 한자와 병음을 찾아 빈칸에 써 넣으세요.

보기	七　八　九　十　　qī　shí　jiǔ　bā

Ⓐ 她几岁?　Tā jǐ suì?
Ⓑ 她 ＿＿ 岁。Tā ＿＿ suì.

Ⓐ 他几岁?　Tā jǐ suì?
Ⓑ 他 ＿＿ 岁。Tā ＿＿ suì.

Ⓐ 她几岁?　Tā jǐ suì?
Ⓑ 她 ＿＿ 岁。Tā ＿＿ suì.

Ⓐ 他几岁?　Tā jǐ suì?
Ⓑ 他 ＿＿ 岁。Tā ＿＿ suì.

 큰 소리로 읽으며 한자와 병음을 예쁘게 써 보세요.

一
yī
일, 하나

二
èr
이, 둘

三
sān
삼, 셋

四
sì
사, 넷

五
wǔ
오, 다섯

CD 09

1 다음을 잘 듣고 알맞은 발음에 ○표를 하세요.

① zh | zhī | zhí | zhǐ | zhì

② ch | chī | chí | chǐ | chì

③ sh | shī | shí | shǐ | shì

④ r | rī | rí | rǐ | rì

2 다음을 잘 듣고 보기 에서 알맞은 병음을 찾아 빈칸에 써 넣으세요.

보기 r zh ch sh

① 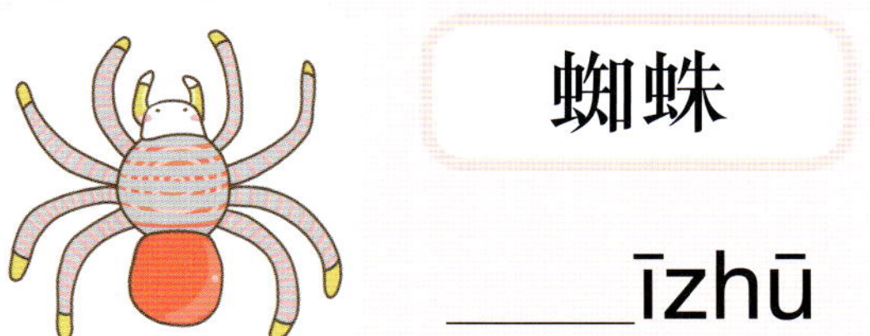 蜘蛛
____īzhū

②  吃
____ī

③  狮子
____īzi

④  日本人
____ìběnrén

3 다음을 잘 듣고 내용과 일치하면 ○표를, 틀리면 ×표를 하세요. 

① 

② 

4 다음 그림에 맞는 한자를 색칠하고 병음을 따라 써 보세요.

좋아하다

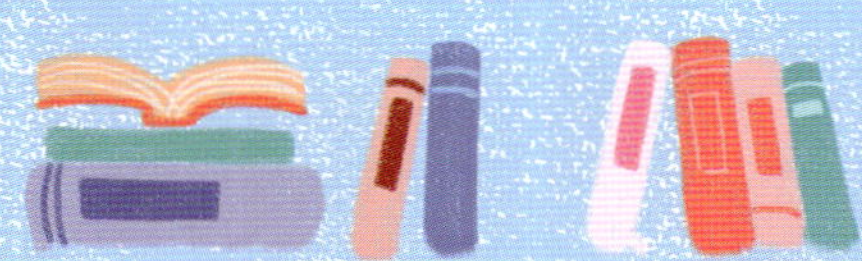

5 다음 노래를 잘 듣고 보기 에서 알맞은 병음을 찾아 빈칸에 써 넣으세요. 

보기

xióngmāo　xiǎomāo
xiǎogǒu

Wǒ xǐhuan xiǎojī.

Wǒ xǐhuan ______________.

Nǐ xǐhuan xiǎogǒu ma?

Wǒ xǐhuan ______________.

Bù xǐhuan ______________.

Wǒ bù xǐhuan xiǎomāo.

나는 병아리 좋아해.
나는 **판다** 좋아해.
너는 강아지 좋아하니?
나는 **강아지** 좋아해.
고양이 싫어해.
나는 고양이 싫어해.

6 다음 그림 속의 동물에 맞게 스티커를 찾아 붙여 보세요.

7 친구들이 어떤 동물을 좋아하고, 싫어하는지 바르게 찾아 연결해 보세요.

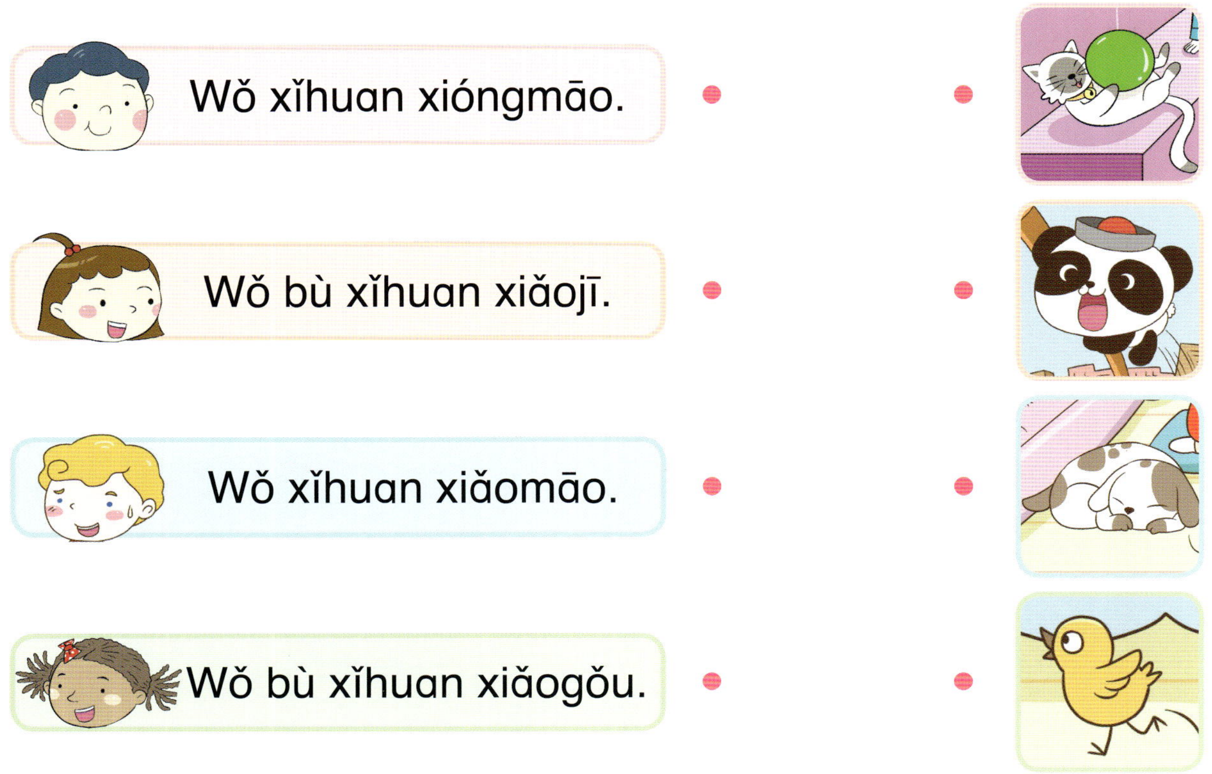

8 다음 그림을 보고 문장 순서에 맞게 써 보세요.

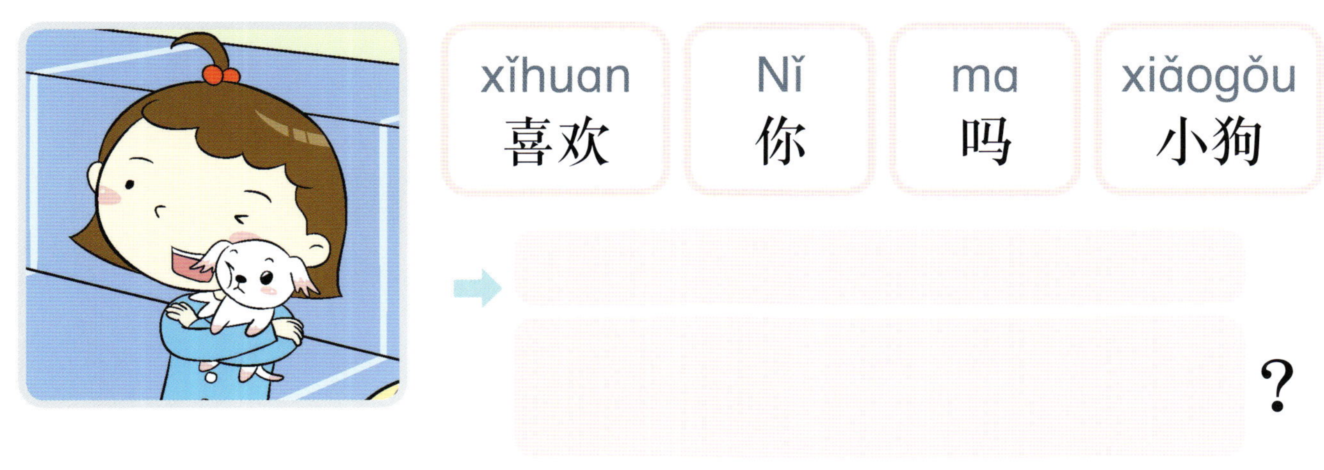

너는 강아지를 좋아하니?

 큰 소리로 읽으며 한자와 병음을 예쁘게 써 보세요.

喜欢
xǐhuan
좋아하다

喜 欢
xǐhuan

熊猫
xióngmāo
판다

熊 猫
xióngmāo

小狗
xiǎogǒu
강아지

小 狗
xiǎogǒu

小鸡
xiǎojī
병아리

小 鸡
xiǎojī

小猫
xiǎomāo
고양이

小 猫
xiǎomāo

CD 10

1 다음을 잘 듣고 큰 소리로 따라 읽으면서 써 보세요. 

Z

C ci

S si

2 다음을 잘 듣고 그림에 알맞은 병음을 보기 에서 찾아 써 보세요. 

보기   C   S   Z

①

ìxíngchē

②

ǎoméi

③

ì

3 다음 대화를 잘 듣고 알맞은 그림에 ◯표를 하세요. 

① 

② 

③ 

4 장소에 맞는 한자와 병음을 찾아 연결해 보세요.

	超市 ●	● chāoshì
	餐厅 ●	● xuéxiào
	学校 ●	● túshūguǎn
	补习班 ●	● bǔxíbān
	图书馆 ●	● cāntīng

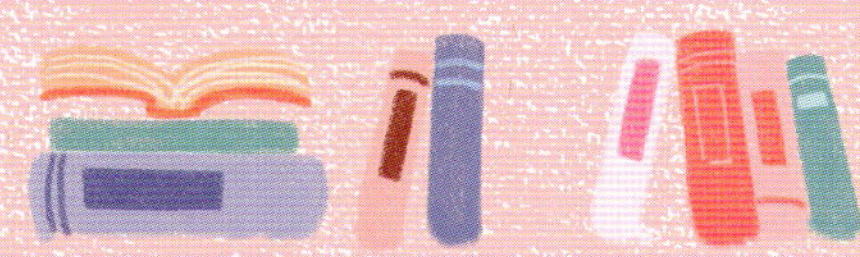

5 다음 노래를 잘 듣고 보기 에서 알맞은 병음을 찾아 빈칸에 써 넣으세요. 

보기

yīyuàn　　xuéxiào
cāntīng　　túshūguǎn

Nǐ qù nǎr? Nǐ qù nǎr? Wǒ qù　　　　　.

Wǒ qù　　　　　. Wǒ qù bǔxíbān.

Wǒmen yìqǐ qù ba.

Nǐ qù nǎr? Nǐ qù nǎr? Wǒ qù　　　　　.

Wǒ qù chāoshì. Wǒ qù　　　　　.

Wǒmen yìqǐ qù ba.

어디가? 어디 가? 나는 **병원** 가.
나는 **식당** 가. 나는 학원 가.
우리 함께 가자.
어디 가? 어디 가? 나는 **학교** 가.
나는 슈퍼마켓 가. 나는 **도서관** 가.
우리 함께 가자.

6 그림을 보고 보기 에서 병음을 찾아 알맞게 배열하세요.

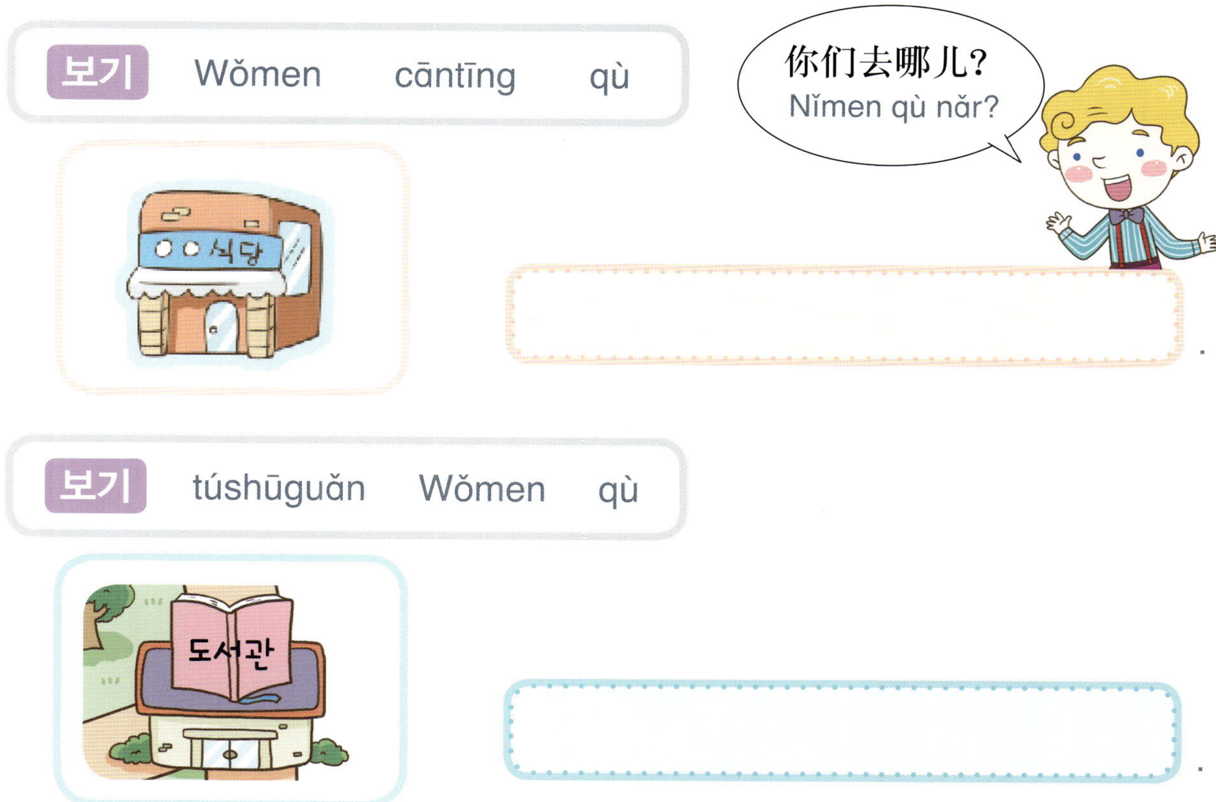

보기 Wǒmen   cāntīng   qù

보기 túshūguǎn   Wǒmen   qù

7 다음 그림에 맞는 한자를 예쁘게 색칠하고 병음을 따라 써 보세요.

가다

去

qù

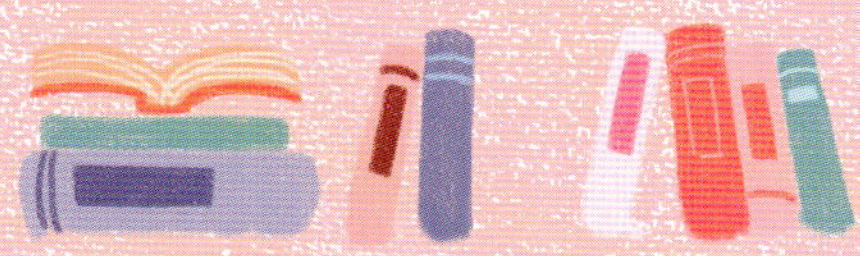

8 미로를 따라 내려가 문장을 완성해 보세요.

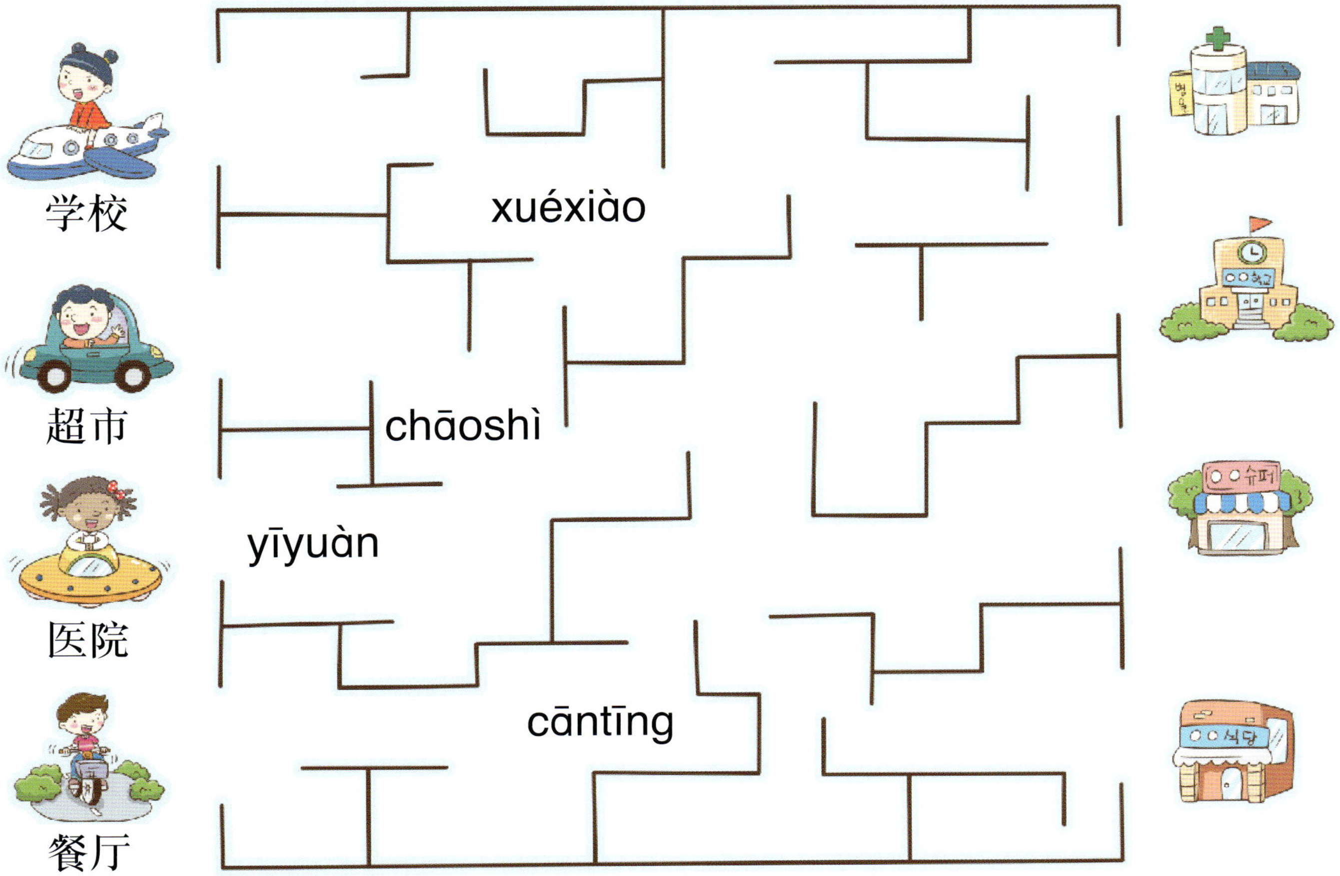

学校

超市

医院

餐厅

xuéxiào

chāoshì

yīyuàn

cāntīng

① Língling qù ___________ .

② Huānhuan qù ___________ .

③ Mǎlì qù ___________ .

④ Dàhán qù ___________ .

9 큰 소리로 읽으며 한자와 병음을 예쁘게 써 보세요.

去
qù
가다

哪儿
nǎr
어디

医院
yīyuàn
병원

学校
xuéxiào
학교

超市
chāoshì
슈퍼마켓

1 빈칸에 들어갈 알맞은 말을 찾아 스티커를 붙이세요.

① 

② 

③ 
?
Wǒ hěn xǐhuan xiǎogǒu. Nǐ ne?
?
Nǐ xǐhuan xiǎomāo ma?

④ 
Nǐmen qù nǎr?
?
?
Wǒmen qù yóulèchǎng.

10과 匹诺曹, 你去哪儿? 피노키오야, 너는 어디 가니?

2 이야기를 잘 듣고, 다음 물음에 답해 보세요. 

1) 대한이가 만난 피노키오는 어느 나라 사람인가요?

① 韩国人 Hánguórén　　　② 中国人 Zhōngguórén

③ 意大利人 Yìdàlìrén　　　④ 美国人 Měiguórén

2) 피노키오와 대한이는 몇 살인가요?

① 七岁 qī suì　　② 八岁 bā suì　　③ 九岁 jiǔ suì　　④ 十岁 shí suì

3) 피노키오와 대한이가 함께 좋아하는 동물은 무엇인가요?

① 小狗 xiǎogǒu　　　② 小猫 xiǎomāo

③ 熊猫 xióngmāo　　　④ 小鸡 xiǎojī

4) 피노키오의 코가 길어진 이유는 무엇인가요?

① 놀이터에 간다고 거짓말 해서
② 학원에 간다고 거짓말 해서
③ 학교에 간다고 거짓말 해서
④ 도서관에 간다고 거짓말 해서

3 아래 표를 중국어로 예쁘게 작성해 보세요.

1. 이름이 뭐예요?	2. 몇 살이에요? _________ suì.	3. 몇 학년이에요? _______ niánjí.	4. 어느 나라 사람이에 요?

5. 좋아하는 과일이 뭐에 요?	6. 좋아하는 동물이 뭐게 요?	7. 가족을 예쁘게 그리고 소개해 보세요.

♣ 빈칸을 알맞게 채우고 친구들 앞에서 자기소개를 해 보세요.

大家好!
Dàjiā hǎo!

我叫____________。
Wǒ jiào __________________.

我________岁。__________年级。
Wǒ ______ suì. __________ niánjí.

他是我爸爸。她是我妈妈。他(她)是我________。
Tā shì wǒ bàba. Tā shì wǒ māma. Tā(Tā) shì wǒ ___________.

我是韩国人。
Wǒ shì Hánguórén.

我喜欢__________。(과일 이름)
Wǒ xǐhuan ________________.

我喜欢__________。(동물 이름)
Wǒ xǐhuan ________________.

谢谢!
Xièxie!

8~9p

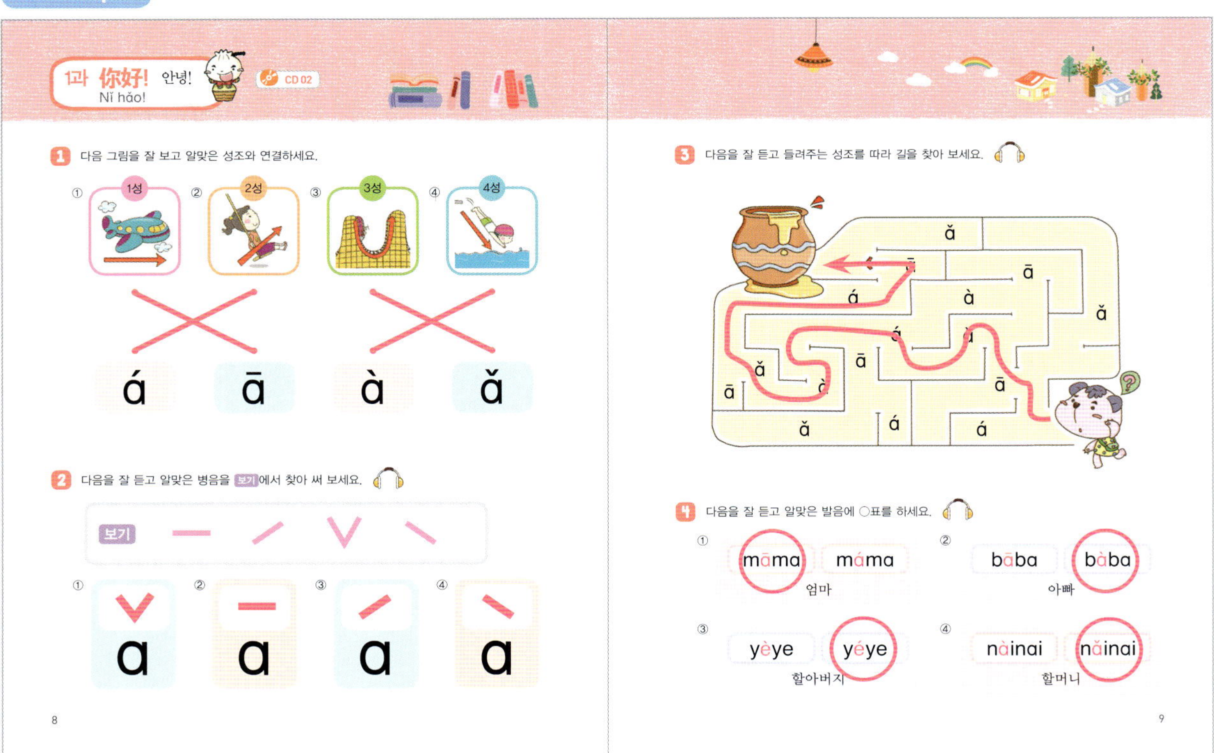

1과 你好! 안녕!
Nǐ hǎo!
CD 02

1 다음 그림을 잘 보고 알맞은 성조와 연결하세요.
① 1성 ② 2성 ③ 3성 ④ 4성
á ā à ǎ

2 다음을 잘 듣고 알맞은 병음을 보기에서 찾아 써 보세요.
보기 — ／ ∨ ＼
① ǎ ② ā ③ á ④ à

3 다음을 잘 듣고 들려주는 성조를 따라 길을 찾아 보세요.

4 다음을 잘 듣고 알맞은 발음에 ○표를 하세요.
① māma máma 엄마
② bāba bàba 아빠
③ yèye yéye 할아버지
④ nàinai nǎinai 할머니

10~11p

1과 你好! 안녕!

5 다음 챈트를 잘 듣고 보기에서 알맞은 병음을 찾아 빈칸에 써 넣으세요.
보기 lǎoshī dàjiā dàjiā lǎoshī

Nǐ hǎo! Nǐ hǎo! lǎoshī hǎo!
Nǐ hǎo! Nǐ hǎo! dàjiā hǎo!
Zàijiàn! Zàijiàn! dàjiā Zàijiàn!
Zàijiàn! lǎoshī Zàijiàn!

안녕! 안녕! 선생님 안녕하세요!
안녕! 안녕! 여러분 안녕하세요!
잘 가! 잘 가! 여러분 잘 가요!
안녕히 계세요! 선생님 안녕히 계세요!

6 그림을 잘 보고 말풍선의 뜻에 알맞은 병음 스티커를 붙여 보세요.
① 안녕! 你好! Nǐ hǎo!
② 잘 가! 再见! Zàijiàn!
③ 선생님 안녕하세요! 老师好! Lǎoshī hǎo!

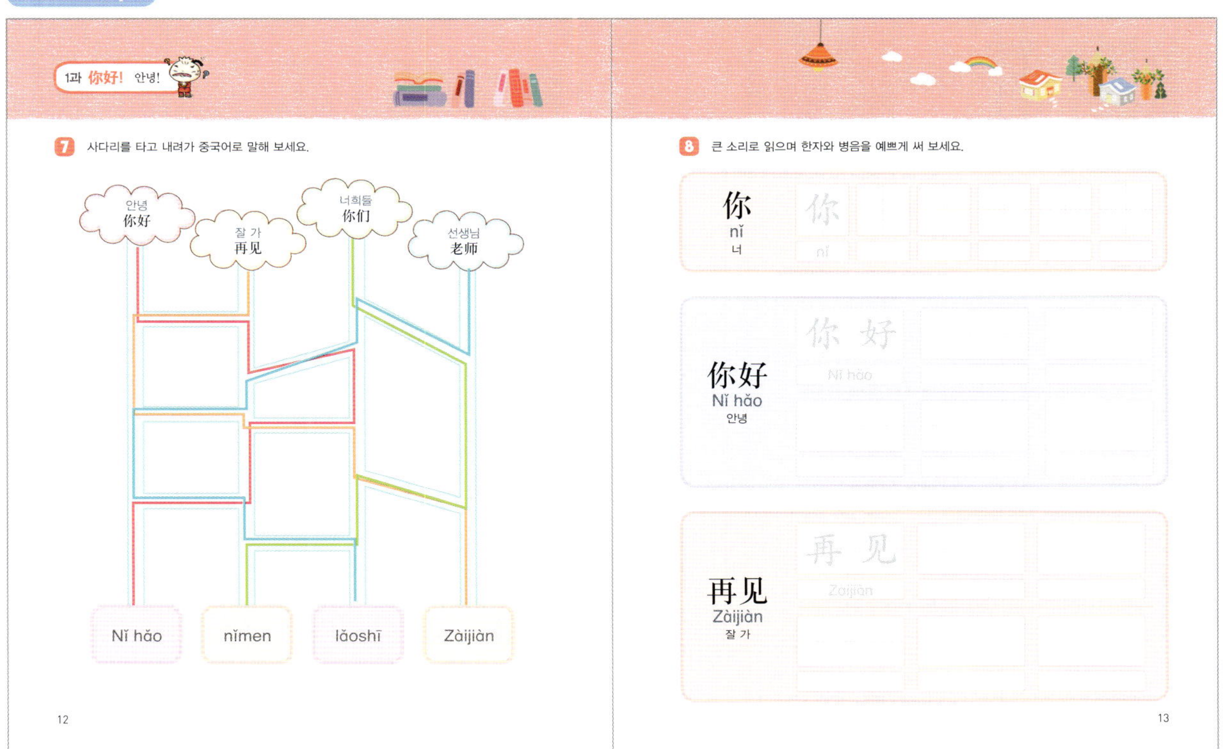

1과 你好! 안녕!

7 사다리를 타고 내려가 중국어로 말해 보세요.

안녕
你好

잘 가
再见

너희들
你们

선생님
老师

Nǐ hǎo
nǐmen
lǎoshī
Zàijiàn

12

8 큰 소리로 읽으며 한자와 병음을 예쁘게 써 보세요.

你
nǐ
너
nǐ

你好
Nǐ hǎo
안녕
Nǐ hǎo

再见
Zàijiàn
잘 가
Zàijiàn

13

2과 你叫什么名字? 너는 이름이 뭐니?
CD 03
Nǐ jiào shénme míngzi?

1 다음을 잘 듣고 바르게 표시된 성조에 ○표를 하세요.

① ā á   ② è é   ③ ī ǐ
④ ō ó   ⑤ ǔ ú   ⑥ ǜ ǔ

2 다음을 잘 듣고 알맞은 것끼리 연결하세요.

a o e i u

bōluó
mǎ
è
wǔ
yīfu
yǔsǎn

14

3 다음 노래를 잘 듣고 보기에서 알맞은 병음을 찾아 빈칸에 써 넣으세요.

보기
shénme   jiào   jiào
míngzi   jiào

Nǐ hǎo! Nǐ hǎo! Nǐ jiào shénme míngzi?
Wǒ jiào Dàhán. Wǒ jiào Wèilái.
Wǒ jiào Jiékè. Nǐ jiào shénme míngzi?

안녕! 안녕! 너는 이름이 뭐니?
나는 Dàhán이야. 나는 Wèilái야.
나는 Jiékè야. 너는 이름이 뭐니?

15

16~17p

2과 你叫什么名字? 너는 이름이 뭐니?

4 그림을 잘 보고 말풍선의 뜻과 알맞은 병음 스티커를 붙여 보세요.

① 너는 이름이 뭐니?
你叫什么名字?
Nǐ jiào shénme míngzi?

② 얘(남자) 이름이 뭐니?
他叫什么名字?
Tā jiào shénme míngzi?

③ 얘(여자) 이름이 뭐니?
她叫什么名字?
Tā jiào shénme míngzi?

④ 내 이름은 짜이야.
我叫杰克。
Wǒ jiào Jiékè.

16

5 사다리를 타고 내려간 후 중국어로 말해 보세요.

你叫什么名字?
Nǐ jiào shénme míngzi?

Wǒ jiào
Wǒ jiào
Wǒ jiào
Wǒ jiào
Wǒ jiào

대한 Dàhán
잭 Jiékè
미래 Wèilái
마리 Mǎlì
환환 Huánhuan

17

18~19p

2과 你叫什么名字? 너는 이름이 뭐니?

6 자신의 이름표를 만들어 친구들에게 나누어 주세요.
친구들에게 받은 이름표를 아래에 붙이고 중국어로 말해 보세요.

他(她)叫什么名字?
Tā(Tā) jiào shénme míngzi?

他(她)叫 金大韩
Tā(Tā) jiào Jīn Dàhán

예
이름: 김 대 한
金大韩 Jīn Dàhán

친구의 이름표를 붙여 주세요.
친구의 이름표를 붙여 주세요.
친구의 이름표를 붙여 주세요.

* 부록 79p를 참조하세요.

18

7 큰 소리로 읽으며 한자와 병음을 예쁘게 써 보세요.

叫
jiào
~라고 부르다

什么
shénme
무엇, 무슨

名字
míngzi
이름

19

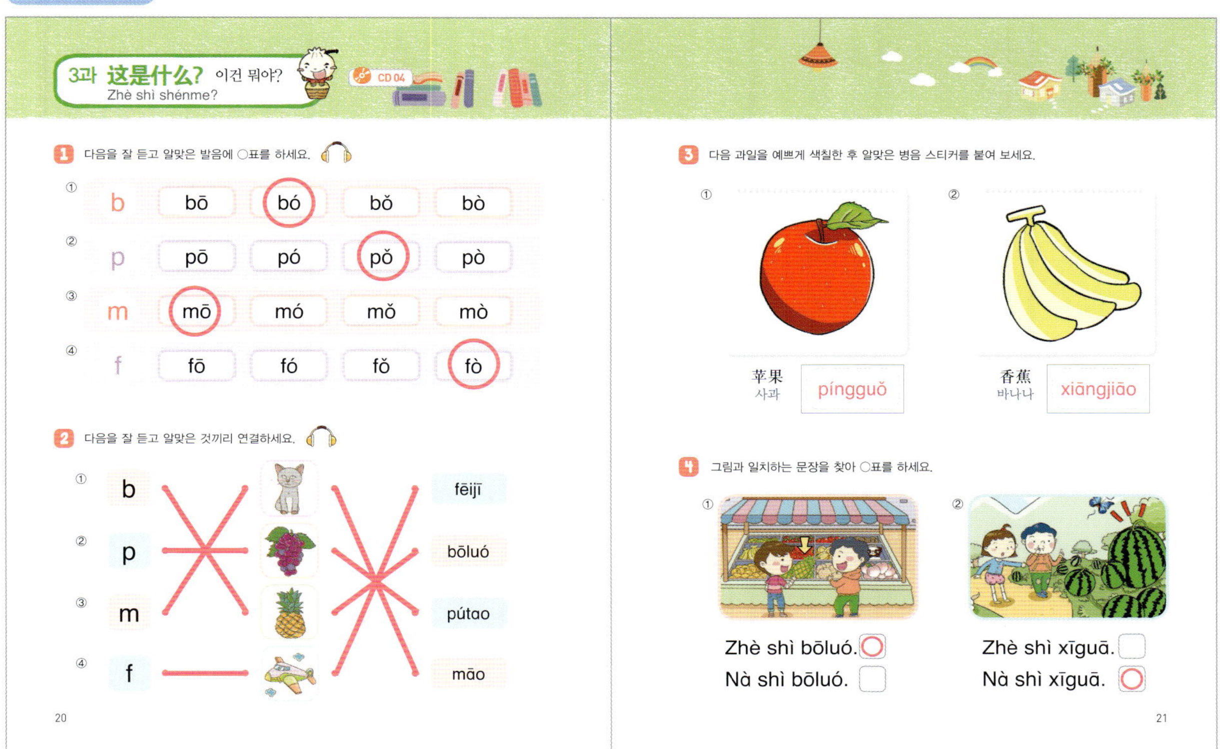
3과 这是什么? 이건 뭐야?
Zhè shì shénme?
CD 04

1 다음을 잘 듣고 알맞은 발음에 ○표를 하세요.
① b   bō   bó   bǒ   bò
② p   pō   pó   pǒ   pò
③ m   mō   mó   mǒ   mò
④ f   fō   fó   fǒ   fò

2 다음을 잘 듣고 알맞은 것끼리 연결하세요.
① b
② p
③ m
④ f
fēijī
bōluó
pútao
māo

3 다음 과일을 예쁘게 색칠한 후 알맞은 병음 스티커를 붙여 보세요.
① 苹果 사과   píngguǒ
② 香蕉 바나나   xiāngjiāo

4 그림과 일치하는 문장을 찾아 ○표를 하세요.
① Zhè shì bōluó. ○
   Nà shì bōluó.
② Zhè shì xīguā.
   Nà shì xīguā. ○

20
21

3과 这是什么? 이건 뭐야?

5 다음 노래를 잘 듣고 보기 에서 알맞은 병음을 찾아 빈칸에 써 넣으세요.
보기
píngguǒ   bōluó   cǎoméi
pútao   xīguā   xiāngjiāo

Zhè shì shénme?   Zhè shì píngguǒ.
Zhè shì xīguā.   Zhè shì cǎoméi.
Nà shì shénme?   Nà shì pútao.
Nà shì xiāngjiāo.   Nà shì bōluó.

이건 뭐야? 이건 사과야.
이건 수박이야. 이건 딸기야.
저건 뭐야? 저건 포도야.
저건 바나나야. 저건 파인애플이야.

6 그림에 알맞게 这 이것 那 저것 스티커를 붙이고 중국어로 대화해 보세요.
① 这 是什么?   대한   Zhè shì shénme?
   这是菠萝。   한한   Zhè shì bōluó.
② 那 是什么?   아리   Nà shì shénme?
   这是草莓。   한한   Zhè shì cǎoméi.
③ 那 是香蕉吗?   아리   Nà shì xiāngjiāo ma?
   是。那是香蕉。   한한 엄마   Shì. Nà shì xiāngjiāo.
④ 这 是葡萄吗?   이웃   Zhè shì pútao ma?
   是。这是葡萄。   친구   Shì. Zhè shì pútao.

22
23

24~25p

3과 这是什么? 이건 뭐야?

7 숨어있는 과일 6개를 모두 찾아 ○표를 하세요.

动物园

＊ 찾은 과일 이름을 아래에서 모두 찾아 ○표를 하세요.

菠萝 파인애플 bōluó
草莓 딸기 cǎoméi
西瓜 수박 xīguā
香蕉 바나나 xiāngjiāo
梨 배 lí
柿子 감 shìzi
橙子 오렌지 chéngzi
葡萄 포도 pútao
樱桃 앵두 yīngtáo
苹果 사과 píngguǒ

24

8 큰 소리로 읽으며 한자와 병음을 예쁘게 써 보세요.

这 zhè 이, 이것
那 nà 저, 저것
是 shì ~이다
苹果 píngguǒ 사과

25

26~27p

4과 他是谁? 그는 누구니?
Tā shì shéi?
CD 05

1 다음을 잘 듣고 알맞은 발음에 ○표를 한 후 병음을 완성하세요.
① d t　dìdi
② d t　tùzi

2 다음을 잘 듣고 알맞은 것끼리 연결하세요.
d t n l
niǎo dìdi tùzi lí

26

3 다음을 잘 듣고 내용과 일치하면 ○표를, 틀리면 ×표를 하세요.
① ○
② ×

4 다음 한글 뜻에 맞는 병음을 찾아 빈칸에 써 넣으세요.
bàba
mèimei
māma
gēge
dìdi
jiějie

아빠 bàba
엄마 māma
누나(언니) jiějie
형(오빠) gēge
여동생 mèimei
남동생 dìdi

27

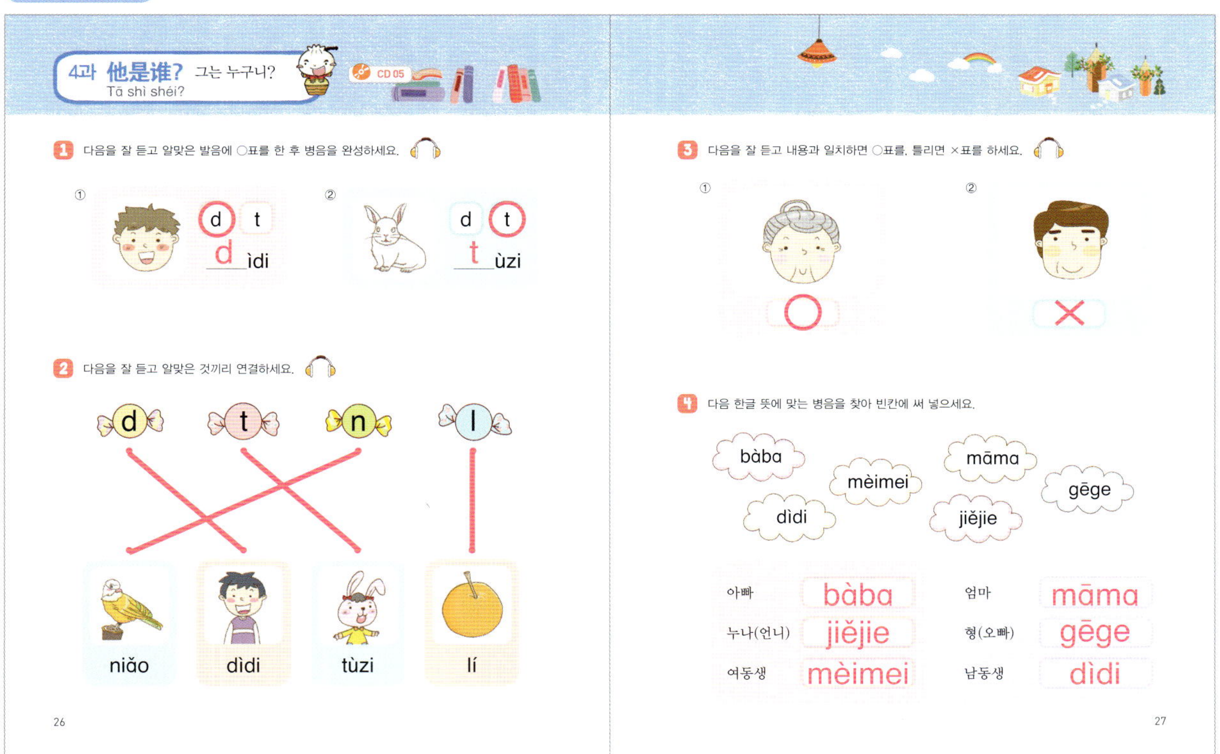

4과 他是谁? 그는 누구니?

5 다음 노래를 잘 듣고 보기 에서 알맞은 병음을 찾아 빈칸에 써 넣으세요.

보기
bàba   māma   jiějie
mèimei   gēge   dìdi

Tā shì shéi? Tā shì wǒ bàba .
Tā shì shéi? Tā shì wǒ māma .
Tā shì wǒ gēge . Tā shì wǒ jiějie .
Tā shì wǒ dìdi . Tā shì wǒ mèimei .
Bàba、māma, wǒ ài nǐmen.

그는 누구니? 우리 아빠야.
그녀는 누구니? 우리 엄마야.
그는 우리 형이야. 그녀는 우리 누나야.
그는 내 남동생이야. 그녀는 내 여동생이야.
아빠, 엄마 사랑해요.

28

6 그림을 잘 보고 말풍선의 뜻과 알맞은 병음 스티커를 붙여 보세요.

① 우리 아빠야.
他是我爸爸。
Tā shì wǒ bàba.

② 우리 엄마야.
她是我妈妈。
Tā shì wǒ māma.

③ 우리 할아버지야.
他是我爷爷。
Tā shì wǒ yéye.

④ 우리 할머니야.
她是我奶奶。
Tā shì wǒ nǎinai.

29

4과 他是谁? 그는 누구니?

7 다음 그림에 알맞은 병음 스티커를 붙이고 중국어로 말해 보세요.

爷爷 할아버지
yéye

奶奶 할머니
nǎinai

爸爸 아빠
bàba

妈妈 엄마
māma

姐姐 누나,언니
jiějie

哥哥 형,오빠
gēge

我 나
Wǒ

弟弟 남동생
dìdi

妹妹 여동생
mèimei

他(她)是谁?
Tā(Tā) shì shéi?

他(她)是 ______。
Tā(Tā) shì ______。

30

8 큰 소리로 읽으며 한자와 병음을 예쁘게 써 보세요.

谁
shéi
누구
谁
shéi

爸爸
bàba
아빠
爸爸
bàba

妈妈
māma
엄마
妈妈
māma

爷爷
yéye
할아버지
爷爷
yéye

奶奶
nǎinai
할머니
奶奶
nǎinai

31

32~33p

5과 珍妮去小熊家 제니는 아기곰 집에 가
Zhēnnī qù Xiǎoxióng jiā
CD 06

1 빈칸에 들어갈 알맞은 말을 찾아 스티커를 붙이세요.

①
Nǐ hǎo!
Nǐ hǎo!
Wǒ jiào Zhēnnī. Nǐ jiào shénme míngzi?
Wǒ jiào Xiǎoxióng.

②
Zhè shì shénme?
Zhè shì bōluó.
Nà shì shénme?
Nà shì xiāngjiāo.

③
Tā shì shéi?
Tā shì wǒ bàba.

④
Zàijiàn.
Zàijiàn.

32
33

34~35p

5과 珍妮去小熊家 제니는 아기곰 집에 가

2 이야기를 잘 듣고, 다음 물음에 답해 보세요.

1) 소녀의 이름은 무엇인가요?
① 大韩 Dàhán   ② 珍妮 Zhēnnī   ③ 玛丽 Mǎlì   ④ 小熊 Xiǎoxióng

2) 제니는 누구 집에 놀러 갔나요?
① 珍妮家 Zhēnnī jiā   ② 杰克家 Jiékè jiā
③ 小熊家 Xiǎoxióng jiā   ④ 玛丽家 Mǎlì jiā

3) 아기곰 집에 가는 도중 숲속에서 어떤 과일을 발견했나요?(모두 고르세요.)
① 香蕉 xiāngjiāo   ② 苹果 píngguǒ   ③ 菠萝 bōluó   ④ 葡萄 pútao

4) 아기곰은 누구와 함께 살고 있나요?
① 爷爷、妈妈 yéye, māma   ② 爸爸、妈妈 bàba, māma
③ 哥哥、姐姐 gēge, jiějie   ④ 弟弟、妹妹 dìdi, mèimei

3 색종이를 접어 아기곰 가족을 함께 만들어 보세요.
준비물 색종이, 검정 사인펜

1. 반으로 접어 주세요.
2. 또 한 번 접었다 펴 주세요.
3. 양끝 모서리를 중앙의 선을 향해 접어 주세요.
4. 양끝 모서리 1/3정도를 바깥을 향해 접어 주세요.
5. 양끝 모서리 1/3정도를 다시 안으로 접어 주세요.
6. 색종이를 뒤집어 주세요.
7. 앞에 한 장만 적당히 위로 접어 주세요.
8. 앞·뒷장 모두 같은 크기로 뾰족한 부분을 뒤로 접어 주세요.
완성
9. 사인펜으로 곰돌이의 눈, 코, 입을 그려 주세요.

34
35

6과 你是哪国人? 너는 어느 나라 사람이니?
Nǐ shì nǎ guó rén?
CD 07

1 다음을 잘 듣고 병음 h가 들어가는 그림에 모두 ○표를 하세요.
① ② ③
④ ⑤ ⑥

2 다음을 잘 듣고 퍼즐에서 단어를 찾아 ○표를 한 후 그림에 알맞은 병음을 쓰세요.
h e u g f e
o s t e n l
e m p g k e
k e l e i s
s r o f a n
gēge
kělè
hē

3 다음을 잘 듣고 내용과 일치하면 ○표를, 틀리면 X표를 하세요.
① ②

4 다음 그림을 보고 병음에 알맞은 국기를 연결해 보세요.
Zhōngguó
Rìběn
Měiguó
Hánguó

36
37

6과 你是哪国人? 너는 어느 나라 사람이니?

5 다음 노래를 잘 듣고 보기에서 알맞은 병음을 찾아 빈칸에 써 넣으세요.

보기
Hánguórén Yīngguórén Měiguórén
Fǎguórén Zhōngguórén Rìběnrén

Nǐ shì nǎ guó rén? Wǒ shì Hánguórén.
Wǒ shì Zhōngguórén. Wǒ shì Rìběnrén.
Nǐ shì nǎ guó rén? Wǒ shì Měiguórén.
Wǒ shì Fǎguórén. Wǒ shì Yīngguórén.

너는 어느 나라 사람이니? 나는 한국 사람이야.
나는 중국 사람이야. 나는 일본 사람이야.
너는 어느 나라 사람이니? 나는 미국 사람이야.
나는 프랑스 사람이야. 나는 영국 사람이야.

6 다음 그림의 한글 뜻을 보고 순서에 맞게 중국어 스티커를 붙여 보세요.
너는 어느 나라 사람이니?
Nǐ shì nǎ guó rén
你 是 哪 国 人 ?

7 한복 입은 자신의 모습을 예쁘게 그리고 보기에서 알맞은 병음을 찾아 써 보세요.
你是哪国人?
Nǐ shì nǎ guó rén?
보기 guó Hán rén
Wǒ shì Hán guó rén.
我是韩国人。
나는 한국 사람이야.

38
39

40~41p

6과 你是哪国人? 너는 어느 나라 사람이니?
8 사다리를 타고 내려가 스티커를 붙이고 중국어로 말해 보세요.
Wǒ shì Hánguórén.
Wǒ shì Zhōngguórén.
Wǒ shì Rìběnrén.
Wǒ shì Měiguórén.
40
9 큰 소리로 읽으며 한자와 병음을 예쁘게 써 보세요.
哪国 nǎ guó 어느 나라 哪国 nǎ guó
人 rén 사람 人 rén
韩国 Hánguó 한국 韩国 Hánguó
中国 Zhōngguó 중국 中国 Zhōngguó
日本 Rìběn 일본 日本 Rìběn
41

42~43p

7과 你几岁? 너는 몇 살이니? Nǐ jǐ suì? CD 08
1 다음을 잘 듣고 들려주는 병음을 따라 길을 찾아 보세요.
q j x x x t x q s i
2 다음을 잘 듣고 빈칸에 병음을 순서대로 써 넣으세요.
① n, j, ī, à, d → jī dàn
② 7 ī, q → qī
③ u, ā, x, g, ī → xī guā
42
3 숫자만큼 그림을 그리고 중국어를 따라 쓴 후 보기에서 알맞은 병음을 찾아 쓰세요.
보기 èr liù yī jiǔ sān qī sì shí wǔ bā
1 一 yī
2 二 èr
3 三 sān
4 四 sì
5 五 wǔ
6 六 liù
7 七 qī
8 八 bā
9 九 jiǔ
10 十 shí
43

7과 你几岁? 너는 몇 살이니?

4 다음 노래를 잘 듣고 보기에서 알맞은 병음을 찾아 빈칸에 써 넣으세요.

보기   qī   jiǔ   bā   shí

Jǐ suì? Jǐ suì? Nǐ jǐ suì?
qī suì, qī suì, Wǒ qī suì.
Nǐ jǐ suì? Wǒ bā suì.
Nǐ jǐ suì? Wǒ jiǔ suì.
Shí suì, shí suì, Wǒ shí suì.

몇 살? 몇 살? 너는 몇 살이니?
7살, 7살, 나는 7살이야.
너는 몇 살이니? 나는 8살이야.
너는 몇 살이니? 나는 9살이야.
10살, 10살, 나는 10살이야.

44

5 다음 그림의 한글 뜻을 보고 순서에 맞게 중국어 스티커를 붙여 보세요.

너는 몇 살이니?

Nǐ   jǐ   suì
你   几   岁   ?

6 자신의 나이만큼 초를 그리고 알맞은 병음과 한자를 써 보세요.

예

你几岁?
Nǐ jǐ suì?

Wǒ   bā   suì .

我 八 岁。
나는 8 살이야.

45

7과 你几岁? 너는 몇 살이니?

7 그림을 잘 보고 보기에서 알맞은 한자와 병음을 찾아 빈칸에 써 넣으세요.

보기   七 八 九 十   qī shí jiǔ bā

A 她几岁? Tā jǐ suì?
B 她 八 岁。Tā bā suì.

A 他几岁? Tā jǐ suì?
B 他 九 岁。Tā jiǔ suì.

A 她几岁? Tā jǐ suì?
B 她 十 岁。Tā shí suì.

A 他几岁? Tā jǐ suì?
B 他 七 岁。Tā qī suì.

46

8 큰 소리로 읽으며 한자와 병음을 예쁘게 써 보세요.

一
yī
일, 하나
yī

二
èr
이, 둘
èr

三
sān
삼, 셋
sán

四
sì
사, 넷
sì

五
wǔ
오, 다섯
wǔ

47

48~49p

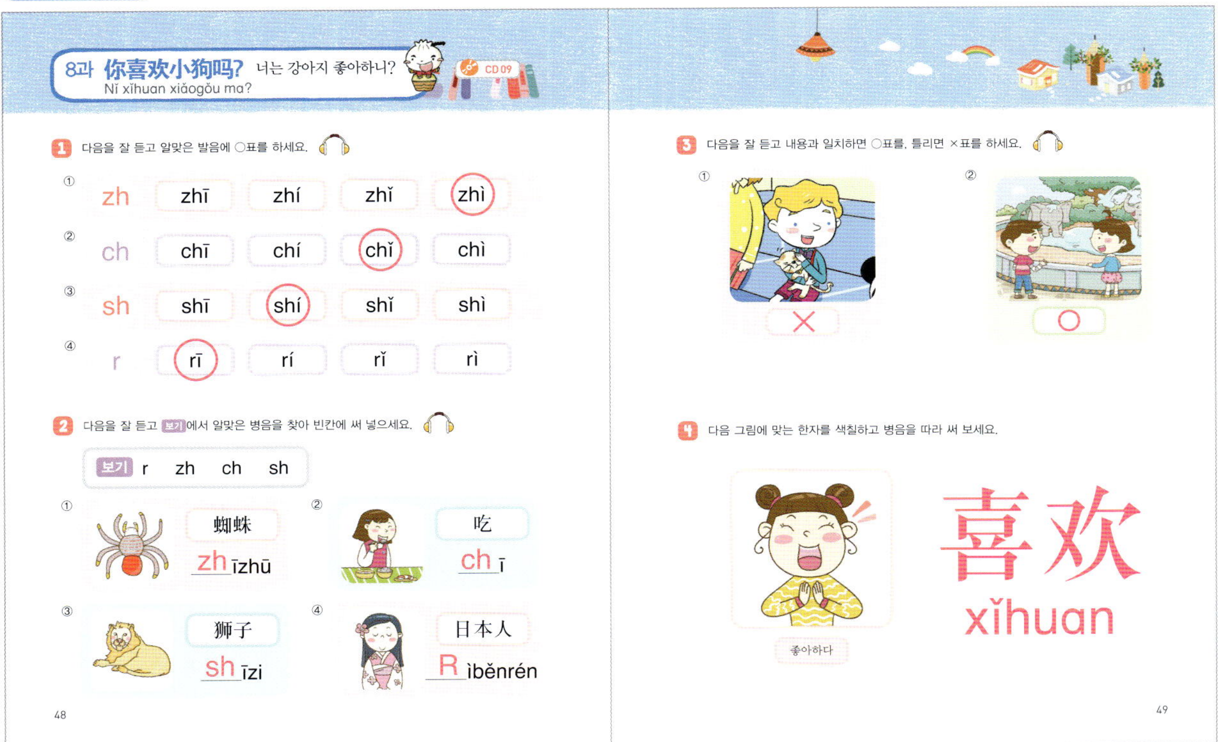

8과 你喜欢小狗吗? 너는 강아지 좋아하니?
Nǐ xǐhuan xiǎogǒu ma?
CD 09

1 다음을 잘 듣고 알맞은 발음에 ○표를 하세요.
① zh　zhī　zhí　zhǐ　(zhì)
② ch　chī　chí　(chǐ)　chì
③ sh　shī　(shí)　shǐ　shì
④ r　(rī)　rí　rǐ　rì

2 다음을 잘 듣고 보기에서 알맞은 병음을 찾아 빈칸에 써 넣으세요.
보기　r　zh　ch　sh
① 蜘蛛　zhīzhū
② 吃　chī
③ 狮子　shīzi
④ 日本人　Rìběnrén

3 다음을 잘 듣고 내용과 일치하면 ○표를, 틀리면 ×표를 하세요.
① ×
② ○

4 다음 그림에 맞는 한자를 색칠하고 병음을 따라 써 보세요.
喜欢
xǐhuan
좋아하다

48
49

50~51p

8과 你喜欢小狗吗? 너는 강아지 좋아하니?

5 다음 노래를 잘 듣고 보기에서 알맞은 병음을 찾아 빈칸에 써 넣으세요.
보기　xióngmāo　xiǎomāo　xiǎogǒu

Wǒ xǐhuan xiǎojī.
Wǒ xǐhuan xióngmāo.
Nǐ xǐhuan xiǎogǒu ma?
Wǒ xǐhuan xiǎogǒu.
Bù xǐhuan xiǎomāo.
Wǒ bù xǐhuan xiǎomāo.

나는 병아리 좋아해.
나는 판다 좋아해.
너는 강아지 좋아하니?
나는 강아지 좋아해.
고양이 싫어해.
나는 고양이 싫어해.

6 다음 그림 속의 동물에 맞게 스티커를 찾아 붙여 보세요.

骆驼 luòtuo 낙타
狮子 shīzi 사자
猴子 hóuzi 원숭이
马 mǎ 말
鳄鱼 èyú 악어
斑马 bānmǎ 얼룩말
河马 hémǎ 하마
鸵鸟 tuóniǎo 타조
长颈鹿 chángjǐnglù 기린
动物园
熊 xióng 곰

50
51

8과 你喜欢小狗吗? 너는 강아지 좋아하니?
7 친구들이 어떤 동물을 좋아하고, 싫어하는지 바르게 찾아 연결해 보세요.
Wǒ xǐhuan xióngmāo.
Wǒ bù xǐhuan xiǎojī.
Wǒ xǐhuan xiǎomāo.
Wǒ bù xǐhuan xiǎogǒu.
8 다음 그림을 보고 문장 순서에 맞게 써 보세요.
xǐhuan 喜欢   Nǐ 你   ma 吗   xiǎogǒu 小狗
Nǐ xǐhuan xiǎogǒu ma?
你喜欢小狗吗   ?
너는 강아지를 좋아하니?
9 큰 소리로 읽으며 한자와 병음을 예쁘게 써 보세요.
喜欢 xǐhuan 좋아하다   喜 欢   xǐhuan
熊猫 xióngmāo 판다   熊 猫   xióngmāo
小狗 xiǎogǒu 강아지   小 狗   xiǎogǒu
小鸡 xiǎojī 병아리   小 鸡   xiǎojī
小猫 xiǎomāo 고양이   小 猫   xiǎomāo
52
53

9과 你去哪儿? 너는 어디 가니?
Nǐ qù nǎr?
CD 10
1 다음을 잘 듣고 큰 소리로 따라 읽으면서 써 보세요.
Z zi zi zi zi
C ci ci ci ci
S si si si si
2 다음을 잘 듣고 그림에 알맞은 병음을 보기 에서 찾아 써 보세요.
보기   c s z
① Z ìxíngchē   ② C ǎoméi   ③ S ì
3 다음 대화를 잘 듣고 알맞은 그림에 ○표를 하세요.
① ② ③
○
4 장소에 맞는 한자와 병음을 찾아 연결해 보세요.
超市 —— chāoshì
餐厅 —— xuéxiào
学校 —— túshūguǎn
补习班 —— bǔxíbān
图书馆 —— cāntīng
54
55

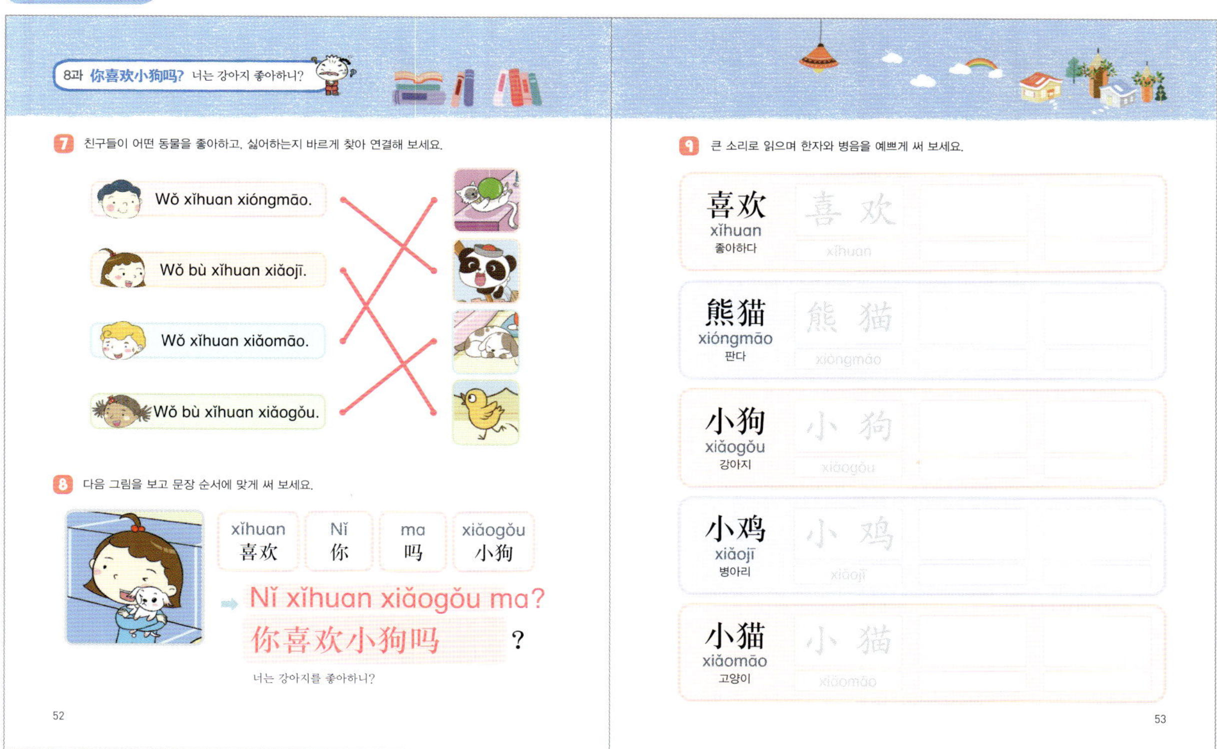

75

56~57p

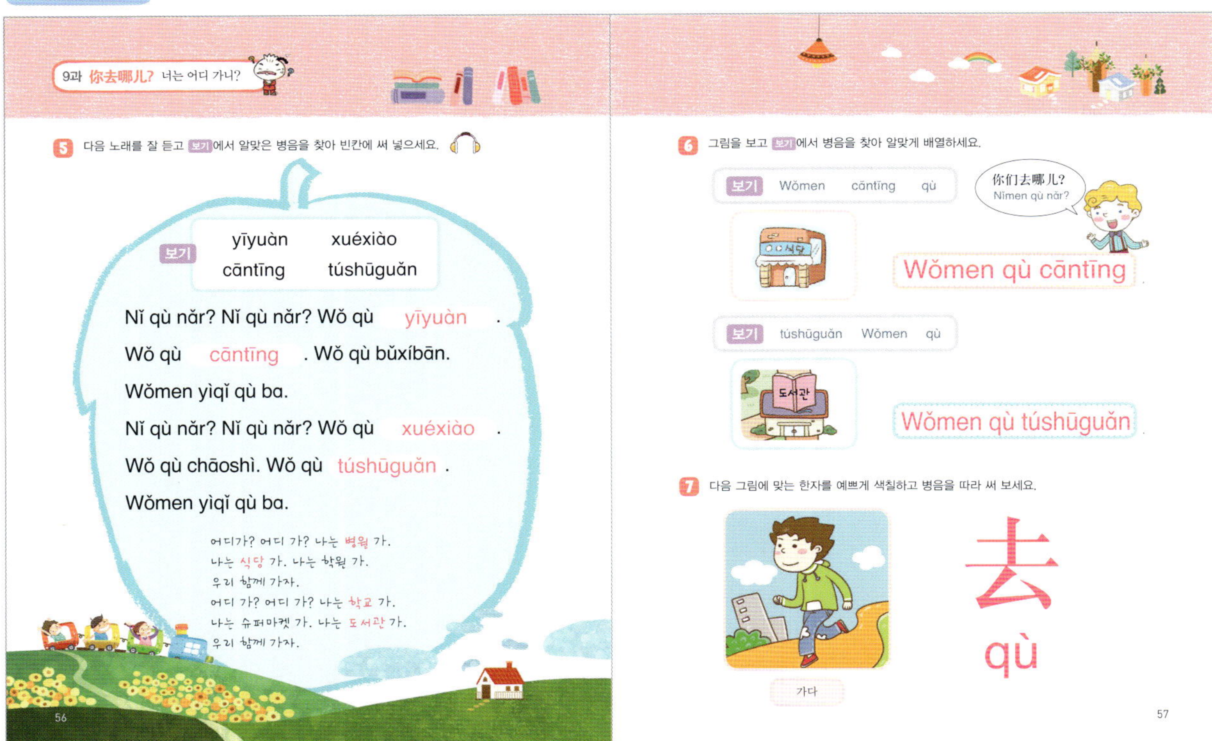

9과 你去哪儿? 너는 어디 가니?

5 다음 노래를 잘 듣고 보기 에서 알맞은 병음을 찾아 빈칸에 써 넣으세요.

보기
yīyuàn   xuéxiào
cāntīng   túshūguǎn

Nǐ qù nǎr? Nǐ qù nǎr? Wǒ qù yīyuàn .
Wǒ qù cāntīng . Wǒ qù bǔxíbān.
Wǒmen yìqǐ qù ba.
Nǐ qù nǎr? Nǐ qù nǎr? Wǒ qù xuéxiào .
Wǒ qù chāoshì. Wǒ qù túshūguǎn .
Wǒmen yìqǐ qù ba.

어디가? 어디 가? 나는 병원 가.
나는 식당 가. 나는 학원 가.
우리 함께 가자.
어디 가? 어디 가? 나는 학교 가.
나는 슈퍼마켓 가. 나는 도서관 가.
우리 함께 가자.

6 그림을 보고 보기 에서 병음을 찾아 알맞게 배열하세요.

보기 Wǒmen   cāntīng   qù

你们去哪儿?
Nǐmen qù nǎr?

Wǒmen qù cāntīng .

보기 túshūguǎn   Wǒmen   qù

Wǒmen qù túshūguǎn .

7 다음 그림에 맞는 한자를 예쁘게 색칠하고 병음을 따라 써 보세요.

去
qù

가다

58~59p

9과 你去哪儿? 너는 어디 가니?

8 미로를 따라 내려가 문장을 완성해 보세요.

学校   xuéxiào
超市   chāoshì
医院   yīyuàn
餐厅   cāntīng

① Língling qù xuéxiào .
② Huānhuan qù chāoshì .
③ Mǎlì qù yīyuàn .
④ Dàhán qù cāntīng .

9 큰 소리로 읽으며 한자와 병음을 예쁘게 써 보세요.

去   去
qù
가다

哪儿   哪儿
nǎr
어디

医院   医院
yīyuàn
병원

学校   学校
xuéxiào
학교

超市   超市
chāoshì
슈퍼마켓

10과 匹诺曹, 你去哪儿? 피노키오야, 너는 어디 가니?
Pǐnuòcáo, nǐ qù nǎr?
CD 11

1 빈칸에 들어갈 알맞은 말을 찾아 스티커를 붙이세요.

①
Nǐ jiào shénme míngzi?
Nǐ hǎo! Wǒ jiào Pǐnuòcáo.
Nǐ shì nǎ guó rén?
Wǒ shì Yìdàlìrén.

②
Nǐ jǐ suì?
Wǒ bā suì. Nǐ ne?
Wǒ yě bā suì.
Hāha, wǒmen tóngsuì.

③
Wǒ yě hěn xǐhuan xiǎogǒu.
Wǒ hěn xǐhuan xiǎogǒu. Nǐ ne?
Wǒ bù xǐhuan xiǎomāo.
Nǐ xǐhuan xiǎomāo ma?

④
Nǐmen qù nǎr?
Wǒmen qù bǔxíbān.
Nǐmen qù nǎr?
Wǒmen qù yóulèchǎng.

60
61

10과 匹诺曹, 你去哪儿? 피노키오야, 너는 어디 가니?

2 이야기를 잘 듣고, 다음 물음에 답해 보세요.

1) 대한이가 만난 피노키오는 어느 나라 사람인가요?
① 韩国人 Hánguórén
② 中国人 Zhōngguórén
③ 意大利人 Yìdàlìrén
④ 美国人 Měiguórén

2) 피노키오와 대한이는 몇 살인가요?
① 七岁 qī suì
② 八岁 bā suì
③ 九岁 jiǔ suì
④ 十岁 shí suì

3) 피노키오와 대한이가 함께 좋아하는 동물은 무엇인가요?
① 小狗 xiǎogǒu
② 小猫 xiǎomāo
③ 熊猫 xióngmāo
④ 小鸡 xiǎojī

4) 피노키오의 코가 길어진 이유는 무엇인가요?
① 놀이터에 간다고 거짓말 해서
② 학원에 간다고 거짓말 해서
③ 학교에 간다고 거짓말 해서
④ 도서관에 간다고 거짓말 해서

62

3 아래 표를 중국어로 예쁘게 작성해 보세요.

1. 이름이 뭐예요?
2. 몇 살이에요?
________ suì.
3. 몇 학년이에요?
________ niánjí.
4. 어느 나라 사람이에요?
5. 좋아하는 과일이 뭐예요?
6. 좋아하는 동물이 뭐예요?
7. 가족을 예쁘게 그리고 소개해 보세요.

♣ 빈칸을 알맞게 채우고 친구들 앞에서 자기소개를 해 보세요.

大家好!
Dàjiā hǎo!
我叫____________.
Wǒ jiào ____________.
我______岁. ______年级.
Wǒ ______ suì. ______ niánjí.
他是我爸爸. 她是我妈妈. 他(她)是我____________.
Tā shì wǒ bàba. Tā shì wǒ māma. Tā(Tā) shì wǒ ____________.
我是韩国人.
Wǒ shì Hánguórén.
我喜欢____________. (과일 이름)
Wǒ xǐhuan ____________.
我喜欢____________. (동물 이름)
Wǒ xǐhuan ____________.
谢谢!
Xièxie!

63

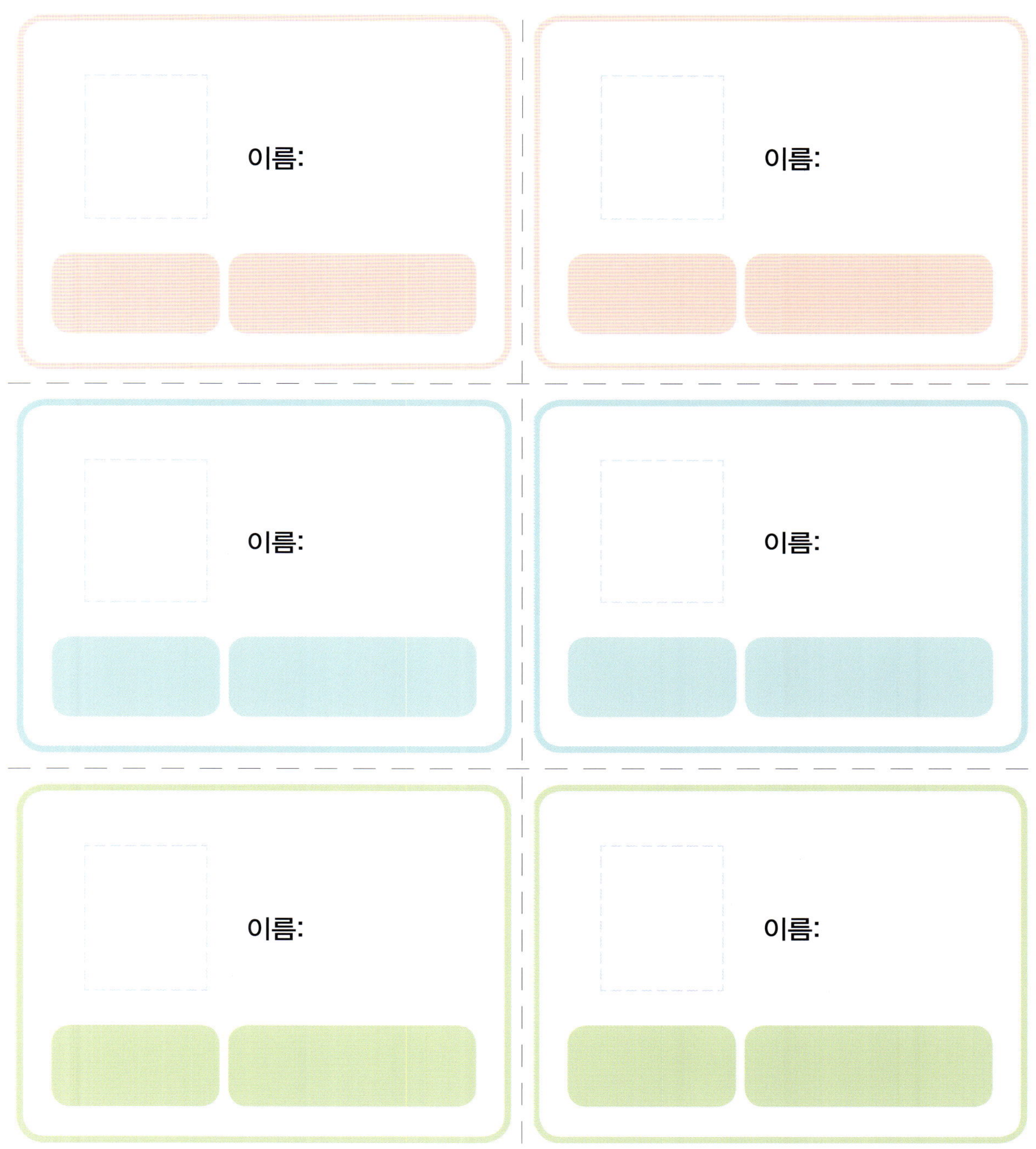

이름:
이름:
이름:
이름:
이름:
이름:

1과 11p

Lǎoshī hǎo!

Nǐ hǎo!

Zàijiàn!

2과 16p

Tā jiào shénme míngzi?

Nǐ jiào shénme míngzi?

Wǒ jiào Jiékè.

Tā jiào shénme míngzi?

3과 21, 23p

xiāngjiāo

píngguǒ

这　那　这　那

4과 29, 30p

Tā shì wǒ nǎinai.

Tā shì wǒ māma.

bàba　gēge

dìdi　nǎinai

Tā shì wǒ yéye.

Tā shì wǒ bàba.

yéye　māma

jiějie　mèimei

5과 32, 33p

Nà shì shénme?

Zhè shì shénme?

Wǒ jiào Xiǎoxióng.

Nǐ hǎo!

Zàijiàn.

Tā shì shéi?

长颈鹿 chángjǐnglù 기린

猴子 hóuzi 원숭이

马 mǎ 말

熊 xióng 곰

狮子 shīzi 사자

Nǐ jǐ suì?

Nǐ jiào shénme míngzi?

Wǒ yě hěn xǐhuan xiǎogǒu.

Nǐmen qù nǎr?

Nǐ shì nǎ guó rén?

Wǒ yě bā suì.

Wǒ bù xǐhuan xiǎomāo.

Wǒmen qù bǔxíbān.